CONTRAFOGOS

Pierre Bourdieu

CONTRAFOGOS

Táticas para enfrentar a invasão neoliberal

Tradução:
Lucy Magalhães

Consultoria:
Sergio Miceli
Professor titular do Deptº de Sociologia, USP

Jorge Zahar Editor
Rio de Janeiro

Título original:
Contre-feux: propos pour servir à la résistance contre l'invasion néo-libérale

Tradução autorizada da primeira edição francesa publicada em 1998 por Liber Éditions, de Paris, França

Jorge Zahar Editor Ltda.
rua México 31 sobreloja
20031-144 Rio de Janeiro, RJ
tel: (021) 240-0226 / fax: (021) 262-5123

Capa: Carol Sá

CIP-Brasil. Catalogação-na-fonte
Sindicato Nacional dos Editores de Livros, RJ.

Bourdieu, Pierre, 1930-
B778c Contrafogos: táticas para enfrentar a invasão neoliberal / Pierre Bourdieu; tradução Lucy Magalhães. — Rio de Janeiro: Jorge Zahar Ed., 1998

Tradução de: Contre-feux: propos pour servir à la résistance contre l'invasion néo-libérale
ISBN 85-7110-476-X

1. Política social. 2. Liberalismo. I. Título.

98-1713 CDD 361.61
CDU 304

Sumário

Ao Leitor

Decidi reunir estes textos, em grande parte inéditos, para publicação porque tenho a impressão de que os perigos contra os quais foram acesos os contrafogos cujos efeitos eles queriam perpetuar não são nem pontuais nem ocasionais. Também porque estas declarações, mais expostas às discordâncias ligadas à diversidade das circunstâncias do que os textos metodicamente controlados, ainda poderão fornecer armas úteis a todos aqueles que tentam resistir ao flagelo neoliberal.*

Não tenho muita inclinação para intervenções proféticas e sempre desconfiei das ocasiões em que poderia ser levado pela situação ou pelas solidariedades a ir além dos limites de minha competência. Eu não teria pois assumido posições públicas se não tivesse, a cada vez, a impressão talvez ilusória

* Mesmo correndo o risco de multiplicar as rupturas de tom e de estilo, ligadas à diversidade das situações, apresentei as intervenções na ordem cronológica, para tornar mais sensível o contexto histórico de declarações que, sem reduzir-se a um contexto, nunca se rendem às generalidades fúteis e vagas daquilo que por vezes se chama de "filosofia política". Acrescentei aqui e ali algumas indicações bibliográficas mínimas, para que o leitor possa dar continuidade à argumentação proposta.

de ser obrigado a isso por uma espécie de cólera legítima, próxima às vezes de algo como um sentimento do dever.

O ideal do intelectual coletivo, ao qual tentei me adaptar sempre que conseguia me identificar com outros sobre este ou aquele ponto particular, nem sempre é fácil de realizar.[1] E se fui obrigado, para ser eficiente, a me comprometer às vezes pessoalmente e em nome próprio, sempre o fiz com a esperança, se não de desencadear uma mobilização ou até um desses debates sem objeto nem sujeito que surgem periodicamente no universo da mídia, pelo menos de romper a aparência de unanimidade que constitui o essencial da força simbólica do discurso dominante.

NOTA

1. Entre todas as minhas intervenções coletivas, sobretudo as da Association de Réflexion sur les Enseignements Supérieurs et la Recherche (ARESER), do Comité International de Soutien aux Intellectuels Algériens (CISIA) e do Parlement International des Écrivains (com o qual deixei de me identificar), escolhi apenas o artigo publicado no *Libération* sob o título "Le sort des étrangers comme *schibboleth*", com a concordância de meus co-autores visíveis (Jean-Pierre Alaux) e invisíveis (Christophe Daadouch, Marc-Antoine Lévy e Danièle Lochak), vítimas da censura espontânea e banalmente exercida pelos jornalistas responsáveis por tribunas ditas livres nos jornais: sempre à procura do capital simbólico associado a certos nomes próprios, eles não gostam de papéis assinados com uma sigla ou com vários nomes — esse é um dos obstáculos, e não dos menores, à constituição de um intelectual coletivo —, preferindo eliminar, seja depois de alguma negociação, seja, como aqui, sem consulta, os nomes que eles conhecem pouco.

*A mão esquerda e a mão direita do Estado**

Um número recente da revista que o senhor dirige escolheu como tema o sofrimento.[1] *Há várias entrevistas com pessoas a quem a mídia não dá a palavra: jovens de subúrbios carentes, pequenos agricultores, trabalhadores sociais. O diretor de uma escola em dificuldades expressa, por exemplo, a sua amargura pessoal: em vez de se ocupar com a transmissão do conhecimento, ele se tornou, a contragosto, o policial de uma espécie de delegacia. O sr. pensa que esses depoimentos individuais e episódicos podem levar à compreensão de um mal-estar coletivo?*

P.B.: Na pesquisa que fizemos sobre o sofrimento social, encontramos muitas pessoas que, como esse diretor de escola, estão mergulhadas nas contradições do mundo social, vividas sob a forma de dramas pessoais. Também poderia citar o chefe de um programa, encarregado de coordenar todas as ações num "subúrbio difícil" de uma cidadezinha do norte da França. Ele enfrenta contradições que são o limite extremo daquelas que vivem todos os chamados "tra-

* Entrevista a R.P. Droit e a T. Ferenczi, publicada no *Le Monde*, em 14 de janeiro de 1992.

balhadores sociais": assistentes sociais, educadores, magistrados e também, cada vez mais, docentes e professores primários. Eles constituem o que eu chamo de mão esquerda do Estado, o conjunto dos agentes dos ministérios ditos "gastadores", que são o vestígio, no seio do Estado, das lutas sociais do passado. Eles se opõem ao Estado da mão direita, aos burocratas do ministério das Finanças, dos bancos públicos ou privados e dos gabinetes ministeriais. Muitos movimentos sociais a que assistimos (e assistiremos) exprimem a revolta da pequena nobreza contra a grande nobreza do Estado.[2]

Como o sr. explica essa exasperação, essas formas de desespero e essas revoltas?

P.B.: Penso que a mão esquerda do Estado acha que a mão direita não sabe mais, ou pior do que isso, não quer mais saber de fato o que faz a mão esquerda. De qualquer forma, ela não quer pagar o preço. Uma das razões maiores do desespero de todas essas pessoas está no fato de que o Estado se retirou, ou está se retirando, de um certo número de setores da vida social que eram sua incumbência e pelos quais era responsável: a habitação pública, a televisão e a rádio públicas, a escola pública, os hospitais públicos etc., conduta ainda mais espantosa ou escandalosa, ao menos para alguns deles, já que se trata de um Estado socialista do qual se podia esperar pelo menos a garantia do serviço público, assim como do serviço aberto e oferecido a todos, sem distinção... O que se descreve como uma crise do político, um antiparlamentarismo, é na realidade um desespero a propósito do Estado como responsável pelo interesse público.

Que os socialistas não tenham sido tão socialistas quanto apregoavam, isso não chocaria ninguém: os tempos são duros e a margem de manobra não é grande. Mas o que surpreende é que tenham contribuído a tal ponto para a depreciação da coisa pública: primeiro nos fatos, por todo tipo de medidas ou políticas (citarei apenas a mídia), visando a liquidação das conquistas do *welfare state* e principalmente, talvez, no discurso público de elogio à empresa privada (como se o espírito de empreendimento não fosse possivel em outro terreno a não ser na empresa), de estímulo ao interesse privado. Tudo isso tem algo de surpreendente, sobretudo para aqueles que são enviados à linha de frente, para desempenhar as funções ditas "sociais" e suprir as insuficiências mais intoleráveis da lógica do mercado, sem que lhes sejam dados os meios de cumprir verdadeiramente a sua missão. Como não teriam eles a impressão de ser constantemente iludidos ou desautorizados?

Deveríamos ter compreendido há muito tempo que a sua revolta se estende muito além das questões de salário, embora o salário que recebam seja um sinal inequívoco do valor atribuído ao trabalho e aos trabalhadores. O desprezo por uma função se traduz primeiro na remuneração mais ou menos irrisória que lhe é atribuída.

O sr. acha que a margem de manobra dos dirigentes políticos seja assim tão restrita?

P.B.: Sem dúvida, ela é muito menos reduzida do que se diz. E, em todo caso, resta um campo em que os governantes dispõem de toda a latitude: o campo do simbólico. A exemplaridade da conduta deveria ser imposta a todo o pessoal do Estado, principalmente quando ele tem uma tradição de devotamento aos interesses dos mais carentes. Ora, como não duvidar quando se vêem não só os exemplos de corrupção (às vezes quase oficiais, como as gratificações de certos altos funcionários) ou de traição ao serviço público (essa palavra talvez seja excessivamente forte; penso no *pantouflage*[3]) e todas as formas de desvio, para fins privados, de bens, benefícios e serviços públicos: nepotismo, favorecimentos (nossos dirigentes têm muitos "amigos pessoais"...[4]), clientelismo?

Sem falar dos lucros simbólicos! A televisão contribuiu, sem dúvida, tanto quanto as propinas, para a degradação da virtude civil. Ela chamou e promoveu ao primeiro plano da cena política e intelectual indivíduos vaidosos, preocupados em exibir-se e valorizar-se, em contradição total com o devotamento obscuro ao interesse coletivo que caracterizava o funcionário ou o militante. É a mesma preocupação egoísta de se valorizar (muitas vezes à custa de rivais) que explica que os "efeitos de anúncio"[5] tenham se tornado prática tão comum. Parece que, para muitos ministros, uma medida só vale se puder ser anunciada e tida como realizada assim que for tornada pública. Em suma, a grande corrupção, cujo desvelamento provoca escândalo porque revela a defasagem entre as virtudes professadas e as práticas reais, é apenas o limite de todas as pequenas "fraquezas" comuns, ostentação de luxo, aceitação açodada dos privilégios materiais ou simbólicos.

Diante da situação que o sr. explicita, qual é, em sua opinião, a reação dos cidadãos?

P.B.: Li recentemente um artigo de um autor alemão sobre o Egito antigo. Ele mostra como, numa época de crise de confiança no Estado e no bem público, floresciam duas coisas: entre os dirigentes, a corrupção, paralela ao declínio do respeito pela coisa pública, e entre os dominados, a religiosidade pessoal, associada ao desespero no tocante aos recursos temporais. Do mesmo modo, tem-se a impressão, hoje, de que o cidadão, sentindo-se repelido para fora do Estado (que, no fundo, não lhe pede nada, além das contribuições materiais obrigatórias, e principalmente não solicita devotamento nem entusiasmo), repele o Estado, tratando-o como uma potência estrangeira que ele utiliza do melhor modo para os seus interesses.

O sr. falou da grande latitude dos governantes no campo simbólico que, aliás, não se refere apenas às condutas dadas como exemplo. Trata-se também das palavras, dos ideais mobilizadores. De onde vem, nesse ponto, a deficiência atual?

P.B.: Falou-se muito do silêncio dos intelectuais. O que me impressiona é o silêncio dos políticos. Eles carecem tremendamente de ideais mobilizadores. Sem dúvida porque a profissionalização da política e as condições exigidas daqueles que querem fazer carreira nos partidos excluem cada vez mais as personalidades inspiradas. Talvez também porque a definição da atividade política mudou com a chegada de um pessoal que aprendeu nas escolas (de ciências políticas) que, para parecer sério ou simplesmente não parecer fora de moda ou antiquado, era melhor falar de gestão que de autogestão e que era preciso, de qualquer forma, assumir a aparência (isto é, a linguagem) da racionalidade econômica.

Emparedados pelo economismo estreito e de curto alcance da visão-de-mundo-FMI, que também faz (e fará) tantos estragos nas relações Norte-Sul, todos esses semi-habilitados em matéria de economia evitam, evidentemente, levar em conta os custos reais, a curto e sobretudo a longo prazo, da miséria material e moral que é a única conseqüência certa da *Realpolitik* economicamente legitimada: delinqüência, criminalidade, alcoolismo, acidentes de trânsito etc. Mais uma vez, a mão direita, obcecada com a questão do equilíbrio financeiro, ignora o que faz a mão esquerda, confrontada com as conseqüências sociais freqüentemente muito dispendiosas das "economias orçamentárias".

Os valores sobre os quais os atos e as contribuições do Estado estavam fundados não são mais confiáveis?

P.B.: Os primeiros a desprezá-los são muitas vezes seus próprios guardiães. O Congresso de Rennes[6] e a lei de anistia[7] contribuíram mais para o descrédito dos socialistas do que dez anos de campanha anti-socialista. E um militante "convertido" (em todos os sentidos do termo) faz mais estragos do que dez adversários. Mas dez anos de poder socialista consumaram a demolição da crença no Estado e a destruição do Estado-providência empreendida nos anos 70 em nome do liberalismo. Penso particularmente na política da habitação. Ela tinha como objetivo declarado arrancar a pequena burguesia do alojamento coletivo (e, com isso, do "coletivismo") e vinculá-la à propriedade privada do seu domicílio individual ou do seu apartamento em co-propriedade. Essa política, em certo sentido, foi bem-sucedida demais. Seu resultado ilustra o que eu dizia há pouco sobre os custos sociais de certas economias. Pois ela é certamente a causa maior da segregação do espaço e, com isso, dos problemas ditos "de subúrbio".

Se quiséssemos definir um ideal, seria então a volta do sentido de Estado, de coisa pública. O sr. não compartilha a opinião de todo o mundo.

P.B.: A opinião de todo o mundo é a opinião de quem? Das pessoas que escrevem nos jornais, dos intelectuais que pregam "menos Estado" e que enterram depressa demais o público e o interesse do público pelo público... Temos aí um exemplo típico desse efeito de crença compartilhada, que põe imediatamente fora de discussão teses que deveriam ser discutidas a valer. Seria preciso analisar o trabalho coletivo dos "novos intelectuais", que criou um clima favorável ao retraimento do Estado e, mais amplamente, à submissão aos valores da economia.[8] Penso no que foi chamado de "retorno do individualismo", espécie de profecia auto-realizante que tende a destruir os fundamentos filosóficos do *welfare state* e, em particular, a noção de responsabilidade coletiva (nos acidentes de trabalho, na doença ou na miséria), essa conquista fundamental do pensamento social (e sociológico). O retorno ao indivíduo é também o que permite "acusar a vítima", única responsável por sua infelicidade, e lhe pregar a "auto-ajuda", tudo isso sob o pretexto da necessidade incansavelmente reiterada de diminuir os encargos da empresa.

A reação de pânico retrospectivo determinada pela crise de 68, revolução simbólica que abalou todos os pequenos detentores de capital cultural, criou (com o reforço — inesperado! — da derrocada dos regimes de tipo soviético) as condições favoráveis para a restauração cultural, em cujos termos o "pensamento Ciências Políticas" substituiu o "pensamento Mao". O mundo intelectual é hoje o terreno de uma luta visando produzir e impor "novos intelectuais", portanto uma nova definição do intelectual e do seu papel político, uma nova definição da filosofia e do filósofo, doravante empenhado nos vagos debates de uma filosofia política sem tecnicidade, de uma ciência social reduzida a uma politologia de sarau eleitoral e a um comentário descuidado de pesquisas comerciais sem método. Platão tinha uma palavra magnífica para todas essas pessoas, *doxósofo*: esse "técnico-da-opinião-que-se-crê-cientista" (traduzo o triplo sentido da palavra) apresenta os problemas da política nos próprios termos em que os apresentam os homens de negócios, os políticos e os jornalistas políticos (isto é, exatamente os que podem pagar pesquisas...).

O sr. acabou de mencionar Platão. A atitude do sociólogo se aproxima da do filósofo?

P.B.: O sociólogo se opõe ao doxósofo, como o filósofo, porque questiona as evidências e sobretudo as que se apresentam sob a forma de questões, tanto as suas quanto as dos outros. É o que choca profundamente o doxósofo, que vê um preconceito político no fato de se recusar a submissão profundamente política que implica a aceitação inconsciente dos *lugares comuns,* no sentido de Aristóteles: noções ou teses *com* as quais se argumenta, mas *sobre* as quais não se argumenta.

Em certo sentido, o sr. não tende a pôr o sociólogo num lugar de filósofo-rei, único a saber onde estão os verdadeiros problemas?

P.B.: O que defendo acima de tudo é a possibilidade e a necessidade do intelectual crítico, e principalmente crítico da doxa intelectual que os doxósofos difundem. Não há verdadeira democracia sem verdadeiro contra-poder crítico. O intelectual é um contra-poder, e de primeira grandeza. É por isso que considero o trabalho de demolição do intelectual crítico, morto ou vivo — Marx, Nietzsche, Sartre, Foucault, e alguns outros classificados em bloco sob o rótulo de "pensamento 68"[9] —, tão perigoso quanto a demolição da coisa pública e inscrevendo-se no mesmo empreendimento global de restauração.

Eu preferiria, evidentemente, que os intelectuais tivessem estado, todos e sempre, à altura da imensa responsabilidade histórica que lhes cabe e que sempre tivessem empregado em suas ações não apenas a sua autoridade moral, mas também a competência intelectual — para dar apenas um exemplo, à maneira de Pierre Vidal-Naquet, investindo todo o seu domínio do método histórico numa crítica ao uso abusivo da história.[10] Dito isso, para citar Karl Kraus, "entre dois males, recuso-me a escolher o menor". Se não tenho nenhuma indulgência para com os intelectuais "irresponsáveis", gosto ainda menos desses responsáveis "intelectuais", polígrafos polimorfos, que expelem sua produção anual entre dois conselhos de administração, três coquetéis para a imprensa e algumas participações na televisão.

Então, que papel o sr. deseja para os intelectuais, principalmente na construção da Europa?

P.B.: Desejo que os escritores, os artistas, os filósofos e os cientistas possam se fazer ouvir diretamente em todos os domínios da vida pública em que são competentes. Creio que todo o mundo teria muito a ganhar se a lógica da vida intelectual, da argumentação e da refutação, se estendesse à vida pública. Hoje, é a lógica da política, da denúncia e da difamação, da "sloganização" e da falsificação do pensamento do adversário que se estende muitas vezes à vida intelectual. Seria bom que os "criadores" pudessem exercer sua função de serviço público e, às vezes, de salvação pública.

Pensar na escala da Europa é apenas elevar-se até um grau de universalização superior, marcar uma etapa no caminho do Estado universal que, mesmo nas coisas intelectuais, está longe de ser realizado. Não se teria ganho grande coisa, de fato, se o eurocentrismo tivesse substituído os nacionalismos feridos das velhas nações imperiais. No momento em que as grandes utopias do século XIX revelaram toda a sua perversão, é urgente criar as condições para um trabalho coletivo de reconstrução de um universo de ideais realistas, capazes de mobilizar as vontades, sem mistificar as consciências.

Paris, dezembro de 1991

NOTAS

1. "La souffrance", *Actes de la Recherche en Sciences Sociales*, 90, dezembro de 1991, e P. Bourdieu et al., *A miséria do mundo*, Petrópolis, Vozes, 1998. (N.E.)

2. Alusão ao livro de Pierre Bourdieu, *The State Nobility. Elite Schools in the Field of Power*, Cambridge, Polity Press, 1996. (N.E.)

3. *Pantouflage*: o fato de um funcionário público prosseguir sua carreira em uma empresa privada. (N.E.)

4. François Mitterand, antigo presidente da República, era freqüentemente elogiado por sua "fidelidade aos amigos", e diversas pessoas nomeadas para cargos importantes tinham como qualidade principal, segundo os jornais, serem seus "amigos pessoais". (N.E.)

5. No original, *effets d'annonce*: o fato de um ministro limitar sua ação política ao anúncio ostentatório das decisões espetaculares e muitas vezes sem efeito ou sem seqüência (à maneira de Jack Lang). (N.E.)

6. O Congresso de Rennes deu ensejo a terríveis conflitos entre os dirigentes das grandes correntes do Partido Socialista: Lionel Jospin, Laurent Fabius e Michel Rocard. (N.E.)

7. Lei de anistia aplicada sobretudo aos generais que comandavam o exército francês da Argélia, responsáveis pelo *putsch* contra o governo do general de Gaulle. (N.E.)

8. Cf. P. Bourdieu et. al, "L'économie de la maison", *Actes de la Recherche en Sciences Sociales*, 81-82, março de 1990. (N.E.)

9. "Pensamento 68": alusão ao livro de Luc Ferry e Alain Renaut, *La pensée 68*, Paris, Gallimard, 1985. (N.E.)

10. P. Vidal-Naquet, *Les Juif, la mémoire et le présent*, Paris, La Découverte, t.I, 1981, t.II, 1991. (N.E.)

*Sollers tel quel**

Sollers, tal qual,[1] enfim, tal como ele próprio. Estranho prazer spinozista da verdade que se revela, da necessidade que se cumpre, na confissão de um título, "Balladur tel quel",[2] condensado em alta densidade simbólica, quase bom demais para ser verdade, de toda uma trajetória: da revista *Tel Quel* a Balladur, da vanguarda literária (e política) fajuta até a retaguarda política autêntica.

Nada muito grave, dirão os mais informados; aqueles que sabem, e há muito tempo, que aquilo que Sollers jogou aos pés do candidato-presidente, num gesto sem precedentes desde Napoleão III, não é a literatura, e menos ainda a vanguarda, mas o simulacro da literatura, e da vanguarda. Mas essas máscaras são montadas para enganar os verdadeiros destinatários do seu discurso, todos aqueles que ele quer bajular, como cortesão cínico, balladurianos e burocratas balladurófilos, envernizados na cultura das "Ciências Polí-

---

* Este texto foi publicado no *Libération*, em 27 de janeiro de 1995, depois da publicação de um artigo de Philippe Sollers, sob o título "Balladur tel quel", em *L'Express*, em 12 de janeiro de 1995.

ticas", para dissertações tronchas e jantares de embaixada; e também todos os mestres de fachada, que foram agrupados, em alguns momentos, em torno de *Tel Quel*: máscara de escritor, ou filósofo, ou lingüista, ou tudo isso ao mesmo tempo, quando não se é nada e não se sabe nada de tudo isso; quando, como na piada, se sabe a toada da cultura, mas não a letra, quando se sabe apenas *macaquear* gestos do grande escritor, e até fazer imperar, durante um momento, o terror nas letras. Assim, na medida em que consegue impor a sua impostura, o Tartufo sem peias da religião da arte escarnece, humilha, espezinha, jogando-a aos pés do poder mais baixo, cultural e politicamente — eu diria policialescamente[3] — toda a herança de dois séculos de luta pela autonomia do microcosmo literário; e, com ele, prostitui todos os autores, muitas vezes heróicos, que invoca no seu ataque de recenseador literário[4] para jornais e revistas semi-oficiais, Voltaire, Proust ou Joyce.

O culto das transgressões sem perigo, que reduz a libertinagem à sua dimensão erótica, leva a fazer do cinismo uma das belas-artes. Instituir como regra de vida o "*anything goes*" pós-moderno, e permitir-se jogar simultânea ou sucessivamente em todos os tabuleiros, é lograr o meio de "ter tudo e não pagar nada", a crítica da sociedade do espetáculo e o vedetismo da mídia,[5] o culto de Sade e a reverência por João Paulo II, as profissões de fé revolucionárias e a defesa da ortografia, a sagração do escritor e o massacre da literatura (penso em *Femmes*).

Aquele que se apresenta e se imagina vivendo como uma encarnação da liberdade sempre pairou como simples limalha ao sabor das forças do campo. Precedido e autorizado por todas as derrapadas políticas da era Mitterand — o equivalente em política, e ainda mais em matéria de socialismo, do que Sollers foi para a literatura, e ainda mais para a vanguarda —, foi tragado por todas as ilusões e desilusões políticas e literárias do tempo. E sua trajetória, que se pensa como *exceção,*[6] é de fato estatisticamente modal, isto é, banal, e, nesse sentido, exemplar da carreira do escritor sem qualidades de uma época de *restauração* política, e literária: ele é a encarnação típico-ideal da história individual e coletiva de toda uma geração de escritores pretensiosos, de todos aqueles que, por terem passado, em menos de trinta anos, dos terrorismos maoístas ou trotskistas às posições de poder nos bancos, nas grandes seguradoras, na política ou no jornalismo, lhe concederão com prazer a indulgência.

Sua originalidade — porque ele tem uma: fez-se o teórico das virtudes da renegação e da traição, condenando assim ao dogmatismo, ao arcaísmo e até ao terrorismo, por uma prodigiosa inversão auto-justificadora, todos aqueles que se recusam a se reconhecer no novo estilo liberado e desencantado de tudo. Suas inumeráveis intervenções públicas são exaltações da inconstância, ou, mais exatamente, da *dupla inconstância* — feita sob medida para reforçar a visão burguesa das revoltas artísticas — que, por uma dupla meia-volta, uma dupla meia-revolução, reconduz ao ponto de partida, às impaciências urgentes do jovem burguês provinciano, para quem Mauriac e Aragon escreviam prefácios.

Paris, janeiro de 1995

NOTAS

1. Philippe Sollers, escritor francês, fundador e diretor da revista *Tel Quel*. (N.E.)

2. Balladur: membro do RPR, partido conservador, candidato à presidência da República, contra Jacques Chirac e Lionel Jospin. (N.E.)

3. Balladur, quando primeiro-ministro de "co-habitação", tinha Charles Pasqua como ministro do Interior, autor de uma lei especialmente iníqua sobre a imigração. (N.E.)

4. Recenseador literário: Philippe Sollers mantém uma coluna permanente de crítica literária no jornal *Le Monde*. (N.E.)

5. Crítico da sociedade do espetáculo e do vedetismo da mídia: Philippe Sollers é um grande admirador das obras de Guy Debord e um participante assíduo de todo tipo de programas de TV. (N.E.)

6. Philippe Sollers escreveu um livro intitulado *Théorie des exceptions*. (N.E.)

*O destino dos estrangeiros como schibboleth**

A questão do estatuto que a França atribui aos estrangeiros não é um "*detalhe*". É um falso problema que, infelizmente, se impôs pouco a pouco como uma questão central, terrivelmente mal formulada, na luta política.

Convencido de que era fundamental obrigar os diferentes candidatos republicanos a se expressar claramente sobre essa questão, o Grupo de Exame dos Programas Eleitorais sobre os Estrangeiros na França (GEPEF) fez uma experiência cujos resultados merecem ser conhecidos. Diante da interrogação que lhes foi colocada, os candidatos se omitiram — à exceção de Robert Hue e Dominique Voynet,[1] que fizeram dela um dos temas centrais de sua campanha, com a revogação das leis Pasqua, a regularização do estatuto das pessoas

---

* Este texto, publicado no *Libération* em 3 de maio de 1995, com a assinatura de Jean-Pierre Alaux e a minha, apresenta o balanço da pesquisa que o GEPEF (Grupo de Exame dos Programas Eleitorais sobre os Estrangeiros na França) lançou em março de 1995, com oito candidatos à eleição presidencial "a fim de examinar com eles os seus projetos relativos à situação dos estrangeiros na França", tema praticamente excluído da campanha eleitoral.

não-expulsáveis, a preocupação em garantir o direito das minorias. Edouard Balladur enviou uma carta enunciando generalidades sem relação com as nossas 26 perguntas. Jacques Chirac não respondeu a nosso pedido de entrevista. Lionel Jospin deu procuração a Martine Aubry e Jean-Christophe Cambadélis, infelizmente tão pouco esclarecidos quanto esclarecedores sobre as posições do seu candidato.

Não é preciso ser um gênio para descobrir em seus silêncios e seus discursos que eles não têm grande coisa a opor ao discurso xenófobo que, há anos, trabalha para transformar em ódio as desgraças da sociedade, o desemprego, a delinqüência, a droga etc. Talvez por falta de convicções, talvez por medo de perder votos ao exprimi-las, eles acabaram por não falar mais sobre esse falso problema sempre presente e sempre ausente, a não ser por estereótipos convencionados e subentendidos mais ou menos envergonhados, evocando por exemplo a "*segurança*", a necessidade de "*reduzir ao máximo as entradas*" ou de controlar a "*imigração clandestina*" (não sem lembrar na ocasião, a fim de parecer progressista, "*o papel dos traficantes e dos patrões*" que exploram).

Todos os cálculos eleitoreiros, encorajados pela lógica de um universo político-midiático fascinado pelas pesquisas, repousam em uma série de pressupostos sem fundamento: a não ser que se considere como fundamento a lógica mais primitiva da participação mágica, da contaminação por contato e da associação verbal. Um exemplo entre mil: como se pode falar de "*imigrantes*" a respeito de pessoas que não "*emigraram*" de lugar algum, e das quais se diz, aliás, que são "*de segunda geração*"? Do mesmo modo, uma das funções mais importantes do adjetivo "*clandestino*", que as boas almas zelosas de respeitabilidade progressista associam ao termo "*imigrantes*", não seria criar uma identificação verbal e mental entre a travessia clandestina das fronteiras pelos homens e a travessia necessariamente fraudulenta, e logo clandestina, de objetos proibidos (de ambos os lados da fronteira) como drogas ou armas? Confusão criminosa que permite pensar esses homens como criminosos.

Os políticos acabam pensando que tais crenças são universalmente compartilhadas por seus eleitores. Sua demagogia eleitoral repousa, de fato, no postulado segundo o qual a "*opinião pública*" é hostil à "*imigração*", aos estrangeiros, a qualquer espécie de abertura das fronteiras. Os vereditos dos "fazedores de sondagens", esses astrólogos modernos, e as injunções dos assessores, que lhes dão um ar de competência e convicção, lhes recomendam trabalhar para "*conquistar os votos de Le Pen*". Ora, para nos limitarmos a apenas um argumento, mas bem calibrado, o próprio resultado alcançado por Le Pen, depois de quase dois anos de leis Pasqua, de discursos e de práticas de segurança, leva a concluir que, quanto mais se reduzem os direitos dos estrangeiros, mais aumentam os batalhões de eleitores da Frente Nacional (essa constatação, evidentemente, é um tanto simplificadora, porém não mais do que a tese muitas vezes apresentada de que toda medida para melhorar o estatuto jurídico dos estrangeiros presentes no território francês teria como efeito fazer subir a aceitação de Le Pen). De qualquer modo, em lugar de atribuir apenas à xenofobia o voto na Frente Nacional, o mais correto setria estudar alguns outros fatores, como por exemplo os casos de corrupção envolvendo o universo midiático-político.

Dito isso, continua sendo necessário repensar a questão do estatuto do estrangeiro nas democracias modernas, isto é, a questão das fronteiras que podem ser ainda legitimamente impostas aos deslocamentos das pessoas em universos que, como o nosso, tiram enorme proveito de todos os tipos de circulação de pessoas e de bens. Pelo menos, seria necessário, a curto prazo e nem que fosse na lógica do interesse mais amplo, avaliar os custos para o país da política de segurança associada ao nome do sr. Pasqua:[2] custos provocados pela discriminação nos e pelos controles policiais, discriminação sob medida para a criar ou reforçar a "*fratura social*", e pelas ofensas, que se generalizam, aos direitos fundamentais, custos para o prestígio da França e sua tradição particular de defensora dos direitos humanos etc.

A questão do estatuto concedido aos estrangeiros é realmente o critério decisivo, o *schibboleth*[3] que permite julgar a capacidade que os candidatos têm de tomar partido, em todas as suas escolhas, entre a França mesquinha, regressiva, medrosa, protecionista, conservadora, xenófoba, e a França aberta, progressista, internacionalista, universalista. É por isso que a escolha dos eleitores-cidadãos deveria recair no candidato que se empenhasse, da maneira mais clara, em operar a ruptura mais radical e mais total com a política atual da França em matéria de "acolhimento" aos estrangeiros. Esse deveria ser Lionel Jospin... Mas será que ele quer isso?

Paris, maio de 1995

NOTAS

1. Robert Hue, secretário-geral do Partido Comunista. Dominique Voynet, dirigente de um dos partidos ecologistas, atualmente ministro do Meio Ambiente do governo Jospin. (N.E.)

2. Ministro do Interior. Trata-se de Pasqua. (N.E.)

3. Prova decisiva, que permite julgar a capacidade de uma pessoa. (N.E.)

*Os abusos de poder que se armam ou se baseiam na razão**

[...] Vem do fundo dos países islâmicos uma questão muito profunda em relação ao falso universalismo ocidental, ao que eu chamo de imperialismo do universal.[1] A França foi a encarnação por excelência desse imperialismo, que provocou aqui, neste país mesmo, um nacional-populismo, a meu ver associado ao nome de Herder. Se é verdade que certo universalismo é apenas um nacionalismo que invoca o universal (os direitos humanos etc.) para se impor, torna-se menos fácil tachar de reacionária toda reação fundamentalista contra ele. O racionalismo científico, o dos modelos matemáticos que inspiram a política do FMI ou do Banco Mundial, o das *Law firms*, grandes multinacionais jurídicas que impõem as tradições do direito americano ao planeta inteiro, o das teorias da ação racional etc., esse racionalismo é ao mesmo tempo a expressão e a caução de uma arrogância

* Intervenção na discussão pública organizada pelo Parlamento Internacional dos Escritores na Feira do Livro de Frankfurt, em 15 de outubro de 1995.

ocidental, que leva a agir como se alguns homens tivessem o monopólio da razão e pudessem instituir-se, como se diz habitualmente, como polícia do mundo, isto é, detentores autoproclamados do monopólio da violência legítima, capazes de pôr a força das armas a serviço da justiça universal. A violência terrorista, através do irracionalismo do desespero no qual se enraíza quase sempre, remete à violência inerte dos poderes que invocam a razão. A coerção econômica se disfarça muitas vezes de razões jurídicas. O imperialismo se vale da legitimidade das instâncias internacionais. E, pela própria hipocrisia das racionalizações destinadas a mascarar os seus duplos critérios, ele tende a suscitar ou a justificar no seio dos povos árabes, sul-americanos, africanos, uma revolta muito profunda contra a razão, que não pode ser separada dos abusos de poder que se armam ou se baseiam na razão (econômica, científica ou outra). Esses "irracionalismos" são em parte o produto do nosso racionalismo, imperialista, invasor, conquistador ou medíocre, limitado, defensivo, regressivo e repressor, segundo os lugares e os momentos. Também faz parte da defesa da razão o combate àqueles que mascaram sob as aparências da razão os seus abusos de poder, ou que se servem das armas da razão para fundamentar ou justificar um império arbitrário.

Frankfurt, outubro de 1995

NOTA

1. P. Bourdieu, "Deux impérialismes de l'universel", in C. Fauré e T. Bishop (orgs.), *L'Amérique des Français*, Paris, François Bourin, 1992, p.149-55. (N.E.)

*Com a palavra, o ferroviário**

Interrogado depois da explosão ocorrida na terça-feira, 17 de outubro, no segundo vagão do trem suburbano que ele conduzia, um ferroviário que, segundo testemunhas, executara com sangue-frio exemplar a evacuação dos passageiros, alertava contra a tentação de acusar a comunidade argelina: são, dizia ele simplesmente, "*pessoas como nós*".

Esse depoimento extraordinário, "*verdade sã do povo*", como dizia Pascal, rompia subitamente com as declarações de todos os demagogos habituais que, por inconsciência ou premeditação, se ajustam à xenofobia ou ao racismo que atribuem ao povo. Esses mesmos demagogos que contribuem para produzir essas atitudes discriminatórias, ou então se baseiam em supostas expectativas daqueles por vezes chamados de "humildes", para oferecer-lhes, pensando satisfazê-los com isso, os pensamentos simplistas que lhes são atribuídos, são também os mesmos que se apóiam na sanção do mercado (e dos anunciantes), traduzida pelos índices de

* Texto publicado em *Alternatives algériennes*, em novembro de 1995.

audiência ou pelas pesquisas, e cinicamente identificada ao veredito democrático da maioria, para impor a todos a sua vulgaridade e sua baixeza.

Essa declaração singular era a prova de que se pode resistir à violência que se exerce cotidianamente, com toda a tranqüilidade, na televisão, no rádio ou nos jornais, através dos automatismos verbais, das imagens banalizadas, das falas batidas, e à insensibilização que a violência produz, elevando pouco a pouco, em toda uma população, o limiar de tolerância ao insulto e ao desprezo racistas, minando as defesas críticas contra o pensamento pré-lógico e a confusão verbal (entre islã e islamismo, entre muçulmano e islamista, ou entre islamista e terrorista, por exemplo), reforçando sub-repticiamente todos os hábitos de pensamento e de comportamento herdados de mais de um século de colonização e de lutas coloniais. Seria preciso analisar detalhadamente o registro cinematográfico de um único dos 1.850.000 "controles" que, para grande satisfação do nosso ministro do Interior, foram efetuados recentemente pela polícia, para dar uma rápida idéia da miríade de humilhações ínfimas (tratamento desrespeitoso, revista em público etc.) ou de injustiças e delitos flagrantes (brutalidades, portas arrombadas, privacidade violada) que teve que sofrer uma fração importante dos cidadãos ou dos hóspedes deste país, outrora famoso pela sua abertura aos estrangeiros; e para dar uma idéia também da indignação, da revolta ou do furor que esse comportamento pode provocar: as declarações ministeriais, visivelmente destinadas a tranqüilizar, ou a satisfazer a vingança preventiva, logo se tornariam menos tranqüilizadoras.

Essa fala simples continha uma exortação, por exemplo, a combater resolutamente todos aqueles que, no desejo de simplificar todas as coisas, mutilam uma realidade histórica ambígua para reduzi-la às dicotomias tranqüilizadoras do pensamento maniqueísta que a televisão, inclinada a confundir um diálogo racional com uma luta livre, instituiu como modelo. É infinitamente mais fácil tomar posição a favor ou contra uma idéia, um valor, uma pessoa, uma instituição ou uma situação, do que analisar em que consistem na verdade, em toda a sua complexidade. Tanto mais rapidamente se *tomará partido* a respeito do que os jornalistas chamam de "um problema de sociedade" — o do "véu",[1] por exemplo — quanto mais se for incapaz de analisar e compreender-lhes o sentido, muitas vezes totalmente contrário à intuição etnocêntrica.

As realidades históricas são sempre enigmáticas e, sob sua aparente evidência, difíceis de decifrar; e certamente não existe nenhuma que apresente essas características em tão alto grau quanto a realidade argelina. É por isso que ela representa, para o conhecimento e para a ação, um extraordinário desafio: prova definitiva para todas as análises, ela é também, e principalmente, uma pedra de toque para todos os engajamentos.

Nesse caso mais do que nunca, a análise rigorosa das situações e das instituições é sem dúvida o melhor antídoto contra as visões parciais e contra todos os maniqueísmos —

muitas vezes associados às complacências farisaicas do pensamento "comunitarista" —, que, através das representações que geram e das palavras em que se expressam, são freqüentemente carregados de conseqüências mortíferas.

NOTA

1. Problema do véu: portar o "véu" na escola provocou vigorosos protestos por parte de um certo número de "intelectuais", que viram nisso uma ameaça à laicidade republicana. (N.E.)

*Contra a destruição de uma civilização**

Estou aqui para oferecer nosso apoio a todos os que lutam, há três semanas, contra a destruição de uma *civilização*, associada à existência do serviço público, a da igualdade republicana dos direitos, direito à educação, à saúde, à cultura, à pesquisa, à arte, e, acima de tudo, ao trabalho.

Estou aqui para dizer que compreendemos esse movimento profundo, isto é, ao mesmo tempo o desespero e as esperanças que nele se exprimem, e que também sentimos; para dizer que não compreendemos (ou que compreendemos até demais) aqueles que não o compreendem, como aquele filósofo que,[1] no *Journal du Dimanche* de 10 de dezembro, descobre com espanto "o abismo entre a compreensão racional do mundo", personificada, segundo ele, por Juppé — diz isso com todas as letras — e "o desejo profundo das pessoas".

Essa oposição entre a visão a longo prazo da "elite" esclarecida e as pulsões a curto prazo do povo ou de seus

* Intervenção na Gare de Lyon, por ocasião das greves de dezembro de 1995.

representantes é típica do pensamento reacionário de todos os tempos e de todos os países; mas ela assume hoje uma forma nova, com a nobreza de Estado, que respalda a convicção da sua legitimidade no título escolar e na autoridade da ciência, sobretudo da ciência econômica: para esses novos governantes de direito divino, não só a razão e a modernidade, mas também o movimento e a mudança estão do lado dos governantes, ministros, patrões ou "especialistas"; a desrazão e o arcaísmo, a inércia e o conservadorismo do lado do povo, dos sindicatos, dos intelectuais críticos.

É essa certeza tecnocrática que Juppé exprime, quando diz: "Quero que a França seja um país sério e um país feliz." O que pode se traduzir assim: "Quero que as pessoas sérias, isto é, as elites, os burocratas, os que sabem onde está a felicidade do povo, possam fazer a felicidade do povo, mesmo à sua revelia, isto é, contra a sua vontade; de fato, tornado cego por seus desejos, de que falava o filósofo, o povo não conhece sua felicidade — e em particular a felicidade de ser governado por pessoas que, como o sr. Juppé, conhecem sua felicidade melhor do que ele." Eis como pensam os tecnocratas e como eles entendem a democracia. E compreende-se que eles não compreendam que o povo, em nome de quem pretendem governar, vá para as ruas — cúmulo da ingratidão! — para opor-se a eles.

Essa nobreza de Estado, que prega a extinção do Estado e o reinado absoluto do mercado e do consumidor, substituto comercial do cidadão, assaltou o Estado: fez do bem público um bem privado, da coisa pública, da República, uma coisa sua. O que está em jogo hoje é a reconquista da democracia contra a tecnocracia: é preciso acabar com a tirania dos "especialistas", estilo Banco Mundial ou FMI, que impõem sem discussão os vereditos do novo Leviatã, "os mercados financeiros", e que não querem negociar, mas "explicar"; é preciso romper com a nova fé na inevitabilidade histórica que professam os teóricos do liberalismo; é preciso inventar as novas formas de um trabalho político coletivo capaz de levar em conta necessidades, principalmente econômicas (isso pode ser tarefa dos especialistas), mas para combatê-las e, se for o caso, neutralizá-las.

A crise de hoje é uma oportunidade histórica, para a França e sem dúvida também para todos aqueles que, cada dia mais numerosos, na Europa e no mundo, rejeitam a nova alternativa: liberalismo ou barbárie. Ferroviários, empregados do correio, professores, funcionários públicos, estudantes e tantos outros, ativa ou passivamente engajados no movimento, expuseram, com suas manifestações, declarações e as inúmeras reflexões que provocaram e que a mordaça da mídia tenta em vão abafar, problemas absolutamente fundamentais, importantes demais para serem relegados a tecnocratas tão presunçosos quanto limitados: como restituir aos primeiros interessados, isto é, a cada um de nós, a definição esclarecida e razoável do futuro dos serviços públicos, saúde, educação, transportes etc., em ligação sobretudo com os que, nos outros países da Europa, estão expostos às mesmas ameaças? Como reinventar a escola da República, recusando a instalação progressiva, no nível do ensino superior, de uma educação de duas medidas, simbolizada pela oposição entre as Grandes escolas e as faculdades? E podemos fazer a mesma pergunta a propósito da saúde ou dos transportes. Como lutar contra a precarização que atinge todo o pessoal dos serviços públicos e que acarreta formas de dependência e de submissão, particularmente funestas nas empresas de difusão cultural, rádio, televisão ou jornalismo, pelo efeito de censura que exercem, ou mesmo no ensino?

No trabalho de reinvenção dos serviços públicos, os intelectuais, escritores, artistas, eruditos etc. têm um papel determinante a desempenhar. Primeiro, podem contribuir para quebrar o monopólio da ortodoxia tecnocrática sobre os meios de comunicação. Mas também podem lutar de maneira organizada e permanente, e não só nos encontros ocasionais de uma conjuntura de crise, ao lado daqueles que podem orientar eficazmente o futuro da sociedade, associações e sindicatos principalmente, e trabalhar para elaborar análises rigorosas e propostas inventivas sobre as grandes questões que a ortodoxia midiático-política proíbe apresentar: penso particularmente na questão da unificação do campo econômico mundial e dos efeitos econômicos e sociais da nova divisão mundial do trabalho, ou na questão das pretensas leis pétreas dos mercados financeiros, em nome das quais são sacrificadas tantas iniciativas políticas, na questão das funções da educação e da cultura, nas economias em que o capital informacional se tornou uma das forças produtivas mais determinantes etc.

Esse programa pode parecer abstrato e puramente teórico. Mas podemos recusar o tecnocracismo autoritário sem cair num populismo, ao qual os movimentos sociais do passado muitas vezes aderiram, e que faz o jogo, uma vez mais, dos tecnocratas.

O que eu quis expressar, de qualquer forma, talvez sem muita habilidade — e peço perdão aos que possa ter chocado ou entediado —, é uma solidariedade real para com os que hoje lutam para mudar a sociedade: penso efetivamente que só se pode combater eficazmente a tecnocracia, nacional e internacional, enfrentando-a em seu terreno privilegiado, o da ciência, principalmente da ciência econômica, e opondo ao conhecimento abstrato e mutilado de que ela se vale um conhecimento que respeite mais os homens e as realidades com as quais eles se vêem confrontados.

Paris, dezembro de 1995

NOTA

1. "Filósofo que...": trata-se de Paul Ricoeur. (N.E.)

*O mito da "mundialização" e o Estado social europeu**

Ouve-se dizer por toda a parte, o dia inteiro — aí reside a força desse discurso dominante — que não há nada a opor à visão neoliberal, que ela consegue se apresentar como evidente, como desprovida de qualquer alternativa. Se ela comporta essa espécie de banalidade, é porque há todo um trabalho de doutrinação simbólica do qual participam passivamente os jornalistas ou os simples cidadãos e, sobretudo, ativamente, um certo número de intelectuais. Contra essa imposição permanente, insidiosa, que produz, por impregnação, uma verdadeira crença, parece-me que os pesquisadores têm um papel a desempenhar. Primeiro, eles podem analisar a produção e a circulação desse discurso. Há cada vez mais trabalhos, na Inglaterra, nos Estados Unidos, na França, que descrevem de modo muito preciso os procedimentos a partir dos quais essa visão de mundo é produzida, difundida e inculcada. Por toda uma série de análise ora dos textos, ou revistas nas quais eram publicados e que se im-

* Intervenção na Confederação Geral dos Trabalhadores Gregos (GSEE), em Atenas, em outubro de 1996.

puseram pouco a pouco como legítimas, ora das características de seus autores, ou dos colóquios nos quais estes se reuniam para produzi-los etc., eles mostraram como, tanto na Inglaterra quanto na França, um trabalho constante foi feito, associando intelectuais, jornalistas, homens de negócios, para impor como óbvia uma visão neoliberal que, no essencial, reveste com racionalizações econômicas os pressupostos mais clássicos do pensamento conservador de todos os tempos e de todos os países. Penso num estudo sobre o papel da revista *Preuves*, que, financiada pela CIA, foi apadrinhada por grandes intelectuais franceses e que, durante 20 a 25 anos — para que algo falso se torne evidente, leva tempo —, produziu incansavelmente, a princípio contra o pensamento dominante, idéias que pouco a pouco se tornaram evidentes.[1] A mesma coisa ocorreu na Inglaterra, e o thatcherismo não nasceu com a sra. Thatcher. Ele foi longamente preparado por grupos de intelectuais que dispunham, em sua maioria, de espaço nos grandes jornais.[2] Uma primeira contribuição possível dos pesquisadores poderia ser trabalhar na difusão dessas análises, sob formas acessíveis a todos.

Esse trabalho de imposição, começado há muito tempo, continua hoje. E pode-se observar regularmente o aparecimento, como por milagre, num intervalo de poucos dias, em todos os jornais franceses, com variantes ligadas à posição de cada jornal no universo dos jornais, de constatações sobre a situação econômica milagrosa dos Estados Unidos ou da Inglaterra. Essa espécie de gota-a-gota simbólico, para o qual os jornais escritos e televisados contribuem muito fortemente — em grande parte inconscientemente, porque a maioria das pessoas que repetem essas declarações o fazem de boa fé —, produz efeitos muito profundos. É assim que, no fim das contas, o neoliberalismo se apresenta sob as aparências da *inevitabilidade.*

É todo um conjunto de pressupostos que são impostos como óbvios: admite-se que o crescimento máximo, e logo a produtividade e a competitividade, é o fim último e único das ações humanas; ou que não se pode resistir às forças econômicas. Ou ainda, pressuposto que fundamenta todos os pressupostos da economia, faz-se um corte radical entre o econômico e o social, que é deixado de lado e abandonado aos sociólogos, como uma espécie de entulho. Outro pressuposto importante é o léxico comum que nos invade, que absorvemos logo que abrimos um jornal, logo que escutamos o rádio, e que é composto, no essencial, de eufemismos. Infelizmente, não tenho exemplos gregos, mas penso que os senhores não terão dificuldade em achá-los. Por exemplo, na França, não se diz mais "patronato", diz-se "as forças vivas da nação"; não se fala mais de demissões, mas de "cortar gorduras", utilizando uma analogia esportiva (um corpo vigoroso deve ser esbelto). Para anunciar que uma empresa vai demitir 2.000 pessoas, fala-se do "plano social corajoso da Alcatel". Há também todo um jogo com as conotações e as associações de palavras como flexibilidade, maleabilidade, desregulamentação, que tendem a fazer crer que a mensagem neoliberal é uma mensagem universalista de libertação.

Contra essa *doxa*, parece-me, é preciso defender-se, submetendo-a à análise e tentando compreender os mecanismos segundo os quais ela é produzida e imposta. Mas isso não basta, mesmo sendo muito importante, e pode-se-lhe opor um certo número de constatações empíricas. No caso da França, o Estado começou a abandonar um certo número de terrenos de ação social. A conseqüência é uma soma extraordinária de sofrimentos de todos os tipos, que não afetam apenas as pessoas que vivem em grande miséria. Assim, pode-se mostrar que, na origem dos problemas observados nos subúrbios das grandes cidades,[3] há uma política neoliberal de habitação que, posta em prática nos anos 1970 (a ajuda "à pessoa"), provocou uma segregação social, colocando de um lado o subproletariado composto em boa parte de imigrantes, que permaneceu nos grandes conjuntos coletivos, e, do outro lado, os trabalhadores permanentes dotados de um salário estável e a pequena burguesia, que partiram para pequenas casas individuais compradas a crédito, e que lhes trouxeram enormes dificuldades. Esse corte social foi determinado por uma medida política.

Nos Estados Unidos, assiste-se a um desdobramento do Estado: de um lado, um Estado que mantém as garantias sociais, mas para os privilegiados, suficientemente cacifados para que possam dar segurança, garantias; de outro, um Estado repressor, policialesco, para o povo. No estado da Califórnia, um dos mais ricos dos Estados Unidos — por um momento considerado por alguns sociólogos franceses[4] como o paraíso de todas as liberações — e também dos mais conservadores, dotado da universidade certamente mais prestigiada do mundo, o orçamento das prisões é superior, desde 1994, ao orçamento de todas as universidades reunidas. Os negros do gueto de Chicago só conhecem, do Estado, o policial, o juiz, o carcereiro e o *parole officer*, isto é o oficial que aplica as penas, diante de quem eles devem se apresentar regularmente, sob risco de voltar à prisão. Temos ali uma espécie de realização do sonho dos dominantes, um Estado que, como mostrou Loïc Wacquant, se reduz cada vez mais à sua função policial.

O que vemos nos Estados Unidos, e que se esboça na Europa, é um processo de *involução*. Quando se estuda o nascimento do Estado nas sociedades em que o Estado se constituiu mais cedo, como a França e a Inglaterra, observa-se primeiro uma concentração de força física e uma concentração de força econômica — ambas funcionando juntas; é preciso dinheiro para fazer guerras, para fazer o policiamento etc., e é necessária a força da polícia para poder arrecadar dinheiro. Em seguida, tem-se uma concentração de capital cultural, e uma concentração de autoridade. Esse Estado, à medida que avança, adquire autonomia, torna-se parcialmente independente das forças sociais e econômicas dominantes. A burocracia de Estado começa a ser capaz de distorcer as vontades dos dominantes, de interpretá-las e, às vezes, de inspirar políticas.

O processo de regressão do Estado mostra que a resistência à crença e à política neoliberais é tanto mais forte nos diferentes países quanto mais fortes eram neles as tradições estatais. E isso se explica porque o Estado existe sob duas formas: na realidade objetiva, sob a forma de um conjunto de instituições como regulamentos, repartições, ministérios etc., e também nas cabeças. Por exemplo, no interior da burocracia francesa, quando da reforma do financiamento da habitação, os ministérios sociais lutaram contra os ministérios financeiros para defender a política social da habitação. Esses funcionários tinham interesse em defender seus ministérios, suas posições; mas foi também porque acreditavam nelas, porque defendiam suas convicções. O Estado, em todos os países é, em parte, o vestígio de conquistas na realidade sociais. Por exemplo, o ministério do Trabalho é uma conquista social que se tornou realidade, embora, em certas circunstâncias, ele também possa ser um instrumento de repressão. E o Estado também existe na cabeça dos trabalhadores sob a forma de direito subjetivo ("isso é meu direito", "não podem fazer isso comigo"), de apego às "conquistas sociais" etc. Por exemplo, uma das grandes diferenças entre a França e a Inglaterra é que os ingleses thatcherizados descobrem que não resistiram tanto quanto teriam sido capazes, em grande parte porque o contrato de trabalho era um contrato de *common law*, e não, como na França, uma convenção garantida pelo Estado. E hoje, paradoxalmente, no momento em que na Europa continental se exalta o modelo da Inglaterra, no mesmo momento os trabalhadores ingleses olham para o Continente e descobrem que ele oferece coisas que sua tradição operária não lhes oferecia, isto é, a idéia de direito do trabalho.

O Estado é uma realidade ambígua. Não se pode dizer apenas que é um instrumento a serviço dos dominantes. Sem dúvida, o Estado não é completamente neutro, completamente independente dos dominantes, mas tem uma autonomia tanto maior quanto mais antigo ele for, quanto mais forte, quanto mais conquistas sociais importantes tiver registrado em suas estruturas etc. Ele é o lugar dos conflitos (por exemplo, entre os ministérios financeiros e os ministérios "gastadores", encarregados dos problemas sociais). Para resistir à *involução do Estado*, isto é, contra a regressão a um Estado penal, encarregado da repressão, sacrificando pouco a pouco as funções sociais, educação, saúde, assistência etc., o movimento social pode encontrar apoio nos responsáveis pelas pastas sociais, encarregados da ajuda aos desempregados crônicos, que se preocupam com as rupturas da coesão social, com o desemprego etc., e que se opõem aos responsáveis pelas finanças, que só querem saber das coerções da "globalização" e do lugar da França no mundo.

Falei da "globalização": é um mito no sentido forte do termo, um discurso poderoso, uma "idéia-força", uma idéia que tem força social, que realiza a crença. É a arma principal das lutas contra as conquistas do *welfare state*: os trabalhadores europeus, dizem, devem rivalizar com os trabalhadores menos favorecidos do resto do mundo. Para que isso aconteça, propõe-se como modelo, para os trabalhadores europeus, países em que o salário mínimo não existe, onde operários trabalham 12 horas por dia por um salário que varia entre 1/4 e 1/15 do salário europeu, onde não há sindicatos, onde as crianças são postas para trabalhar etc. E é em nome desse modelo que se impõe a flexibilidade, outra palavra-chave do liberalismo, isto é, o trabalho noturno, o trabalho nos fins-de-semana, as horas irregulares de trabalho, coisas inscritas desde toda a eternidade nos sonhos patronais. De modo geral, o neoliberalismo faz voltar, sob as aparências de uma mensagem muito chique e muito moderna, as idéias mais arcaicas do patronato mais arcaico. (Algumas revistas, nos Estados Unidos, estabelecem um quadro de honra desses patrões aguerridos, que são classificados, como o seu salário em dólares, de acordo com o número de pessoas que eles tiveram a coragem de demitir). É característico das *revoluções conservadoras*, a dos anos 30 na Alemanha, a de Thatcher, Reagan e outros, apresentar restaurações como revoluções. A revolução conservadora assume hoje uma forma inédita: não se trata, como em outros tempos, de invocar um passado idealizado, através da exaltação da terra e do sangue, temas arcaicos das velhas mitologias agrárias. Essa revolução conservadora de tipo novo tem como bandeira o progresso, a razão, a ciência (a economia, no caso), para justificar a restauração e tenta assim tachar de arcaísmo o pensamento e a ação progressistas. Ela constitui como normas de todas as práticas, logo como regras ideais, as regularidades reais do mundo econômico entregue à sua lógica, a alegada lei do mercado, isto é, a lei do mais forte. Ela ratifica e glorifica o reino daquilo que se chama mercados financeiros, isto é, a volta a uma espécie de capitalismo radical, cuja única lei é a do lucro máximo, capitalismo sem freio e sem disfarce, mas racionalizado, levado ao limite de sua eficiência econômica pela introdução de formas modernas de dominação, como o *management*, e de técnicas de manipulação, como a pesquisa de mercado, o marketing, a publicidade comercial.

Se essa revolução conservadora pode enganar, é porque ela não tem mais nada, aparentemente, do velho bucolismo Floresta Negra dos revolucionários conservadores dos anos 30; ela se enfeita com todos os signos da modernidade. Ela não vem de Chicago? Galileu dizia que o mundo natural está escrito em linguagem matemática. Hoje, querem que acreditemos que é o mundo econômico e social que se põe em equações. Foi armando-se da matemática (e do poder da mídia) que o neoliberalismo se tornou a forma suprema da sociodicéia conservadora que se anunciava, há 30 anos, sob o nome de "fim das ideologias", ou, mais recentemente, de "fim da história".

Para combater o mito da "mundialização", que tem por função instaurar uma restauração, uma volta a um capitalismo selvagem, mas racionalizado e cínico, é preciso voltar aos fatos. Se olharmos as estatísticas, observaremos que a concorrência que os trabalhadores europeus sofrem é, no essencial, intra-européia. Segundo as fontes que utilizo, 70% das trocas econômicas das nações européias se estabelecem com outros países europeus. Enfatizando a ameaça extra-européia, esconde-se que o principal perigo é constituído pela concorrência interna dos países europeus e o que se chama às vezes o *social dumping*: os países europeus de frágil proteção social, com salários baixos, podem tirar partido de suas vantagens na competição, mas puxando para baixo os outros países, assim obrigados a abandonarem as conquistas sociais para resistir. Para escapar a esse círculo vicioso, os trabalhadores dos países avançados têm interesse em associar-se aos trabalhadores dos países menos avançados para conservar as suas conquistas e para favorecer a generalização destas a todos os trabalhadores europeus. (O que não é fácil, devido às diferenças nas tradições nacionais, particularmente no peso dos sindicatos em relação ao Estado e nos modos de financiamento da proteção social.)

Mas isso não é tudo. Há também todos os efeitos, que qualquer um pode constatar, da política neoliberal. Assim, um certo número de pesquisas inglesas mostra que a política thatcheriana provocou uma formidável insegurança, um sentimento de abatimento, primeiro entre os trabalhadores braçais, mas também na pequena burguesia. Observa-se exatamente a mesma coisa nos Estados Unidos, onde se assiste à multiplicação dos empregos precários e sub-remunerados (que fazem baixar artificialmente as taxas de desemprego). As classes médias americanas, submetidas à ameaça da demissão brutal, conhecem uma terrível insegurança (mostrando assim que o importante num emprego não é apenas o trabalho e o salário que ele oferece, mas a segurança que ele garante). Em todos os países, a proporção dos trabalhadores temporários cresce em relação à população dos trabalhadores permanentes. A precarização e a flexibilização acarretam a perda das insignificantes vantagens (muitas vezes descritas como privilégios de "marajás") que podiam compensar os salários baixos, como o emprego duradouro, as garantias de saúde e de aposentadoria. A privatização, por sua vez, acarreta a perda das conquistas coletivas. Por exemplo, no caso da França, 3/4 dos trabalhadores recentemente contratados o são a título temporário, e apenas 1/4 desses 3/4 se tornarão trabalhadores permanentes. Evidentemente, os novos contratados são, em geral, jovens. O que faz com que essa insegurança atinja essencialmente os jovens, na França — como também constatamos em nosso livro *A miséria do mundo* — e também na Inglaterra, onde o desespero dos jovens chega ao clímax, acarretando a delinqüência e outros fenômenos extremamente dispendiosos.

A isso se acrescenta, hoje, a destruição das bases econômicas e sociais das conquistas culturais mais preciosas da humanidade. A autonomia dos universos de produção cultural em relação ao mercado, que não havia cessado de crescer graças às lutas e aos sacrifícios dos escritores, artistas e intelectuais, está cada vez mais ameaçada. O reino do "comércio" e do "comercial" se impõe cada dia mais à literatura, notadamente por meio da concentração dos canais de comunicação, cada vez mais diretamente submetidos às exigências do lucro imediato; à crítica literária e artística, entregue aos acólitos mais oportunistas dos editores — ou de seus cúmplices, com as trocas de favores —, e principalmente ao cinema (pergunta-se o que restará, daqui a dez anos, de um cinema de pesquisa europeu, se nada for feito para oferecer aos produtores de vanguarda meios de produção e sobretudo, talvez, de difusão); sem falar das ciências sociais, condenadas a submeter-se às encomendas diretamente interessadas das burocracias de empresas ou de Estado, ou a morrer pela censura dos poderes (representados pelos oportunistas) ou do dinheiro.

Se a globalização é antes de tudo um mito justificador, há um caso em que ela é bem real; é o dos mercados financeiros. Graças à diminuição de um certo número de controles jurídicos e do aprimoramento dos meios de comunicação modernos, que acarreta a diminuição dos custos de comunicação, caminha-se para um mercado financeiro unificado, o que não quer dizer homogêneo. Esse mercado financeiro é dominado por certas economias, isto é, pelos países mais ricos, e particularmente pelo país cuja moeda é utilizada como moeda internacional de reserva e que, com isso, dispõe, no interior desses mercados financeiros, de uma grande margem de liberdade. O mercado financeiro é um campo no qual os dominantes, os Estados Unidos nesse caso particular, ocupam uma posição tal que podem definir em grande parte as regras do jogo. Essa unificação dos mercados financeiros em torno de um certo número de nações detentoras da posição dominante acarreta uma redução da autonomia dos mercados financeiros nacionais. Os financistas franceses, os inspetores das Finanças, que nos dizem que devemos curvar-nos à necessidade, esquecem de dizer que eles se tornam cúmplices dessa necessidade e que, através deles, é o Estado nacional francês que abdica.

Em suma, a globalização não é uma homogeneização, mas, ao contrário, é a extensão do domínio de um pequeno número de nações dominantes sobre o conjunto das praças financeiras nacionais. Daí resulta uma redefinição parcial da divisão do trabalho internacional, cujas conseqüências atingem os trabalhadores europeus, por exemplo ao transferir capitais e indústrias para os países de mão-de-obra barata. Esse mercado do capital internacional tende a reduzir a autonomia dos mercados do capital nacional e, particularmente, a proibir a manipulação, pelos Estados nacionais, das taxas de câmbio, das taxas de juros, que são cada vez mais determinadas por um poder concentrado nas mãos de um pequeno número de países. Os poderes nacionais estão submetidos ao risco de ataques especulativos por parte de agentes dotados de fundos maciços que podem provocar uma desvalorização, sendo evidentemente os governos de esquerda particularmente ameaçados, pois provocam a desconfiança dos mercados financeiros (um governo de direita que adota uma política pouco de acordo com os ideais do FMI está menos em perigo do que um governo de esquerda, mesmo que este faça uma política de acordo com os ideais do FMI). É a estrutura do campo mundial que exerce uma coação estrutural, o que confere aos mecanismos uma aparência de fatalidade. A política de um Estado particular é largamente determinada pela sua posição na estrutura da distribuição do capital financeiro (que define a estrutura do campo econômico mundial).

Diante desses mecanismos, o que se pode fazer? Seria necessário refletir primeiro sobre os limites implícitos que a teoria econômica aceita. A teoria econômica não leva em conta, na avaliação dos custos de uma política, o que se chama de custos sociais. Por exemplo, uma política de habitação, a que foi decidida por Giscard d'Estaing em 1970, implicava custos sociais a longo prazo, que nem apareciam como tais, pois, além dos sociólogos, quem se lembra, vinte anos depois, dessa medida? Quem relacionaria um tumulto em 1990 num subúrbio de Lyon com uma decisão política de 1970? Os crimes são impunes porque são esquecidos. Seria necessário que todas as forças sociais críticas insistissem na incorporação aos cálculos econômicos dos custos sociais das decisões econômicas. O que custarão, a longo prazo, em demissões, sofrimentos, doenças, suicídios, alcoolismo, consumo de drogas, violência familiar etc., coisas que custam muito caro em dinheiro, mas também em sofrimento? Acredito que, mesmo que isso possa parecer cínico, é preciso aplicar à economia dominante as suas próprias armas, e lembrar que, na lógica do interesse mais amplo, a política estritamente econômica não é necessariamente econômica — gerando insegurança das pessoas e dos bens, e logo custos com polícia etc. Mais precisamente, é necessário questionar de forma radical a visão econômica que individualiza tudo, tanto a produção como a justiça ou a saúde, os custos como os lucros, esquecendo que a eficiência

— da qual ela dá uma definição estreita e abstrata, identificando-a tacitamente com a rentabilidade financeira — depende evidentemente dos fins com os quais é medida, rentabilidade financeira para os acionistas e investidores, como hoje, ou satisfação dos clientes e usuários, ou, mais amplamente, satisfação e concordância dos produtores, dos consumidores, e, assim, sucessivamente, da maioria. A essa economia estreita e de visão curta, é preciso opor uma *economia da felicidade*, que levaria em conta todos os lucros, individuais e coletivos, materiais e simbólicos, associados à atividade (como a segurança), e também todos os custos materiais e simbólicos associados à inatividade ou à precariedade (por exemplo, o consumo de medicamentos: a França detém o recorde do consumo de tranqüilizantes). Não se pode trapacear com a *lei da conservação da violência*: toda violência se paga; por exemplo, a violência estrutural exercida pelos mercados financeiros, sob forma de desemprego, de precarização etc., tem sua contrapartida em maior ou menor prazo, sob forma de suicídios, de delinqüência, de crimes, de drogas, de alcoolismo, de pequenas ou grandes violências cotidianas.

No estado atual, as lutas críticas dos intelectuais, dos sindicatos e das associações devem se fazer prioritariamente contra o enfraquecimento do Estado. Os Estados nacionais estão minados por fora pelas forças financeiras e por dentro pelos cúmplices dessas forças financeiras, isto é, os financistas, os altos funcionários das finanças etc. Penso que os dominados têm interesse em defender o Estado, em particular no seu aspecto social. Essa defesa do Estado não é inspirada por um nacionalismo. Podendo-se lutar contra o Estado nacional, é preciso defender as funções "universais" que ele cumpre e que podem ser cumpridas tão bem, se não melhor, por um Estado supranacional. Se não se quer o Bundesbank, através das taxas de juros, governando as políticas financeiras dos diferentes Estados, não se deveria lutar pela construção de um Estado supranacional, relativamente autônomo em relação às forças econômicas internacionais e às forças políticas nacionais e capaz de desenvolver a dimensão social das instituições européias? Por exemplo, as medidas visando garantir a redução da jornada de trabalho só teriam sentido pleno se fossem tomadas por uma instância européia e aplicáveis ao conjunto das nações européias.

Historicamente, o Estado foi uma força de racionalização, mas que foi posta a serviço das forças dominantes. Para evitar que assim seja, não basta insurgir-se contra os tecnocratas de Bruxelas. Seria necessário inventar um novo internacionalismo, pelo menos na escala regional da Europa, capaz de oferecer uma alternativa à regressão nacionalista que, graças à crise, ameaça mais ou menos todos os países europeus. Tratar-se-ia de criar instituições capazes de controlar essas forças do mercado financeiro, de introduzir — os alemães têm uma palavra magnífica — um *Regrezionsverbot*, uma proibição de regressão em matéria de conquistas sociais no ângulo europeu. Para isso, é absolutamente indispensável que as instâncias sindicais ajam nesse nível supranacional, pois é ali que se exercem as forças contra as quais elas combatem. É preciso, portanto, tentar criar as bases organizacionais de um verdadeiro internacionalismo crítico, capaz de se opor verdadeiramente ao neoliberalismo.

Último ponto. Por que os intelectuais são ambíguos em tudo isso? Não vou enumerar — seria longo e cruel demais — todas as formas de omissão, ou, pior, de colaboração. Evocarei apenas os debates dos filósofos ditos modernos ou pós-modernos que, quando não se contentam em deixar as coisas como estão, envolvidos com seus jogos escolásticos, se fecham numa defesa verbal da razão e do diálogo racional, ou pior, propõem uma variante dita pós-moderna, na verdade "radical chic", da ideologia do fim das ideologias, com a condenação dos grandes relatos ou a denúncia niilista da ciência.

Efetivamente, a força da ideologia neoliberal se apóia em uma espécie de neodarwinismo social: são "os melhores e os mais brilhantes", como se diz em Harvard, que triunfam (Becker, prêmio Nobel de economia, desenvolveu a idéia de que o darwinismo é o fundamento da aptidão para o cálculo racional, que ele atribui aos agentes econômicos). Por trás da visão mundialista da internacional dos dominantes, há uma filosofia da competência, segundo a qual são os mais competentes que governam, e que têm trabalho, o que implica que aqueles que não têm trabalho não são competentes. Há os *winners* (vencedores) e os *losers* (perdedores), há a nobreza, o que eu chamo de nobreza de Estado, isto é, essas pessoas que têm todas as propriedades de uma nobreza no sentido medieval do termo, e que devem sua autoridade à educação, ou melhor, segundo eles, à inteligência, concebida como um dom do céu, quando sabemos que na realidade ela é distribuída pela sociedade, fazendo com que as desigualdades de inteligência sejam desigualdades sociais. A ideologia da competência convém muito bem para justificar uma oposição que se assemelha um pouco à dos senhores e dos escravos: de um lado, os cidadãos de primeira classe, que possuem capacidades e atividades muito raras e regiamente pagas, que podem escolher o seu empregador (enquanto os outros são escolhidos por seu empregador, no melhor dos casos), que estão em condições de obter altos salários no mercado de trabalho internacional, que são super-ocupados, homens e mulheres (li um belo estudo inglês sobre esses casais de executivos loucos que correm o mundo, pulam de um avião para outro, têm salários alucinantes que nem conseguem sonhar em gastar durante quatro vidas etc.), e depois, do outro lado, uma massa de pessoas destinadas aos empregos precários ou ao desemprego.

Max Weber dizia que os dominantes têm sempre necessidade de uma "teodicéia dos seus privilégios", ou melhor, de uma sociodicéia, isto é, de uma justificação teórica para o fato de serem privilegiados. A competência está hoje no centro dessa sociodicéia, que é aceita, evidentemente, pelos dominantes — é de seu interesse —, mas também pelos outros.[5] Na miséria dos excluídos do trabalho, na miséria dos desempregados crônicos, há algo mais que no passado.

A ideologia anglo-saxã, sempre um pouco moralizante, distinguia os pobres imorais e os *deserving poor* — os pobres merecedores — dignos da caridade. A essa justificação ética veio acrescentar-se, ou substituí-la, uma justificação intelectual. Os pobres não apenas são imorais, alcoólatras, corrompidos; são estúpidos, pouco inteligentes. Para o sofrimento social, contribui em grande medida a miséria do desempenho escolar que não determina apenas os destinos sociais, mas também a imagem que as pessoas fazem desse destino (o que contribui sem dúvida para explicar o que se chama de passividade dos dominados, dificuldade de mobilizá-los etc.). Platão tinha uma visão do mundo social que se assemelha à dos nossos tecnocratas, com os filósofos, os guardiães, e depois o povo. Essa filosofia está inscrita, em estado implícito, no sistema escolar. Muito poderosa, ela esta profundamente interiorizada. Por que se passou do intelectual engajado ao intelectual "descolado"? Em parte porque os intelectuais são detentores de capital cultural e porque, mesmo que sejam dominados pelos dominantes, fazem parte dos dominantes. É um dos fundamentos de sua ambivalência, de seu tímido engajamento nas lutas. Eles participam confusamente dessa ideologia da competência. Quando se revoltam, é ainda, como em 33 na Alemanha, porque julgam que não recebem tudo o que lhes é devido, dada a sua competência, garantida por seus diplomas.

Atenas, outubro de 1996

NOTAS

1. P. Grémion, *Preuves, une revue européenne à Paris*, Paris, Julliard, 1989, e *Intelligence de l'anti-communisme, le congrès pour la liberté de la culture à Paris*, Paris, Fayard, 1995.

2. K. Dixon, "Les Evangélistes du Marché", *Liber*, 32, setembro de 1997, p.5-6; C. Pasche e S. Peters, "Les premiers pas de la Société du Mont-Pélerin ou les dessous chics du néolibéralisme", *Les Annuelles* (L'avènement des sciences sociales comme disciplines académiques), 8, 1997, p.191-216.

3. Cf. nota 8 do primeiro capítulo. (N.E.)

4. Edgar Morin e Jean Baudrillard sobretudo. (N.E.)

5. Cf. P. Bourdieu, "Le racisme de l'intelligence", in *Questions de sociologie*, Paris, Minuit, 1980, p.264-8.

*O pensamento Tietmeyer**

Não desejo aqui fornecer um "suplemento de alma". A ruptura dos laços de integração social que se pede à cultura para reatar é a conseqüência direta de uma política, de uma política econômica. E freqüentemente se espera dos sociólogos que consertem os vasos quebrados pelos economistas. Logo, em vez de me contentar em propor o que, nos hospitais, é chamado de tratamento paliativo, eu desejaria tentar propor a questão da contribuição do médico para a doença. Seria possível que, efetivamente, em grande parte, as "doenças" sociais que deploramos fossem produzidas pela medicina muitas vezes brutal que se aplica àqueles a quem se deveria tratar.

Para isso, lendo no avião que me levava de Atenas a Zurique uma entrevista do presidente do Banco da Alemanha, apresentado como o "sumo-sacerdote do marco alemão", nem mais nem menos, eu desejaria, já que estou aqui

---

* Intervenção nos Encontros Culturais Franco-Alemães sobre "A integração social como problema cultural", Universidade de Freiburg (Alemanha), outubro de 1996.

num centro conhecido por suas tradições de exegese literária, dedicar-me a uma espécie de análise hermenêutica de um texto cuja íntegra poderá ser lida no *Le Monde* de 17 de outubro de 1996.

Eis o que diz o "sumo-sacerdote do marco alemão": "A questão, hoje, é criar as condições favoráveis para um crescimento duradouro e a confiança dos investidores. É preciso portanto controlar os orçamentos públicos." Isto é — ele será mais explícito nas frases seguintes — enterrar o mais depressa possível o Estado social, e, entre outras coisas, as suas dispendiosas políticas sociais e culturais, para tranqüilizar os investidores, que prefeririam se encarregar eles próprios de seus investimentos culturais. Estou certo de que todos eles gostam da música romântica e da pintura expressionista, e estou convencido, sem nada saber sobre o presidente do Banco da Alemanha, de que, em suas horas vagas, como o diretor do nosso banco nacional, o sr. Trichet, ele lê poesia e pratica o mecenato. Continuo citando: "É preciso portanto controlar os orçamentos públicos, baixar o nível das taxas e impostos até chegarem a um nível suportável a longo prazo." Entenda-se: baixar o nível das taxas e impostos sobre os investidores até torná-los suportáveis a longo prazo por esses mesmos investidores, evitando assim desestimulá-los ou encorajá-los a fazer em outro lugar os seus investimentos. Continuo minha leitura: "reformar o sistema de proteção social." Isto é, enterrar o *welfare state* e suas políticas de proteção social, feitas para arruinar a confiança dos investidores, para provocar a sua legítima desconfiança, certos como estão de que, efetivamente, suas conquistas econômicas — fala-se em ganhos sociais quando se poderia falar em ganhos econômicos —, quero dizer, seus capitais não são compatíveis com as conquistas sociais dos trabalhadores, e esses ganhos econômicos devem, evidentemente, ser salvaguardados a qualquer preço, mesmo às custas das magras conquistas econômicas e sociais da grande maioria dos cidadãos da Europa do futuro, os que foram amplamente designados em dezembro de 1995 como *abastados* e *privilegiados*.

O sr. Hans Tietmeyer está convencido de que os ganhos sociais dos investidores, isto é, seus ganhos econômicos, não sobreviveriam a uma perpetuação do sistema de proteção social. Logo, é esse sistema que é preciso reformar *urgentemente*, porque os ganhos econômicos dos investidores não poderiam esperar. E para provar que não estou exagerando, continuo a ler o sr. Hans Tietmeyer, pensador de alto coturno, que se inscreve na grande linhagem da filosofia idealista alemã: "É preciso portanto controlar os orçamentos públicos, baixar o nível das taxas e impostos até chegarem a um nível suportável a longo prazo, reformar o sistema de proteção social, desmantelar a rigidez do mercado de trabalho, de modo que uma nova fase de crescimento só será atingida outra vez se nós fizermos um esforço" — o "nós fizermos" é magnífico — "se nós fizermos um esforço de flexibilização do mercado do trabalho". Vejam só. As grandes palavras foram pronunciadas e o sr. Hans Tietmeyer, na grande tradição do idealismo alemão, nos dá um magnífico exemplo da retórica eufemística que corre hoje nos mercados financeiros: o eufemismo é indispensável para suscitar de modo duradouro a confiança dos investidores — que, como se sabe, é o alfa e o ômega de todo sistema econômico, o fundamento e objetivo último, o *telos*, da Europa do futuro — evitando ao mesmo tempo suscitar a desconfiança ou o desespero dos trabalhadores, com quem, apesar de tudo, também é preciso contar, caso se queira alcançar essa nova fase de crescimento que se lhes promete, para obter deles o esforço indispensável. Porque é deles que esse esforço é esperado, apesar de tudo, mesmo que o sr. Hans Tietmeyer, decididamente mestre em eufemismos, diga: "desmantelar a rigidez dos mercados de trabalho, de modo que uma nova fase de crescimento só será atingida outra vez se nós fizermos um esforço de flexibilização no mercado de trabalho." Esplêndido trabalho retórico, que pode se traduzir assim: Coragem, trabalhadores! Todos juntos, façamos o esforço de flexibilização que *lhes* é pedido!

Em vez de fazer, imperturbável, uma pergunta sobre a paridade exterior do euro, de suas relações com o dólar e o iene, o jornalista do *Le Monde*, também preocupado em não desestimular os investidores, que lêem o seu jornal e são excelentes anunciantes, poderia ser perguntado ao sr. Hans Tietmeyer o sentido que ele confere às palavras-chave da língua dos investidores: *rigidez do mercado de trabalho* e *flexibilização do mercado de trabalho*. Os trabalhadores, se lessem um jornal tão indiscutivelmente sério quanto *Le Monde*, entenderiam imediatamente o que se deve entender:

trabalho noturno, o trabalho nos fins-de-semana, as horários irregulares, pressão aumentada, estresse etc. Vê-se que "do-mercado-de-trabalho" funciona como uma espécie de epíteto homérico capaz de ser colado a um certo número de palavras, e poderíamos ficar tentados, para medir a flexibilidade da linguagem do sr. Hans Tietmeyer, a falar, por exemplo, de flexibilidade ou de rigidez dos mercados financeiros. A estranheza desse uso no jargão do sr. Hans Tietmeyer permite supor que, em seu espírito, jamais se poderia pensar em "desmantelar a rigidez dos mercados financeiros", ou em "fazer um esforço de flexibilização dos mercados financeiros". O que autoriza a pensar, ao contrário do que pode sugerir o "nós" do "se nós fizermos um esforço" do sr. Hans Tietmeyer, que cabe aos trabalhadores, e somente a eles, atender a esse esforço de flexibilização, e que é ainda a eles que se dirige a ameaça, próxima da chantagem, que está contida na frase: "de modo que uma nova fase de crescimento só será atingida outra vez se nós fizermos um esforço de flexibilização do mercado de trabalho". Trocando em miúdos: abandonem hoje as *suas* conquistas sociais, sempre para evitar destruir a confiança dos investidores, em nome do crescimento que isso *nos* trará amanhã. Uma lógica bem conhecida pelos trabalhadores afetados que, para resumir a política de participação que em outros tempos o gaullismo lhes oferecia, diziam: "Você me dá o seu relógio que eu lhe dou a hora."

Releio pela última vez, depois desse comentário, as declarações do sr. Hans Tietmeyer: "A questão, hoje, é criar condições favoráveis a um crescimento duradouro e à confiança dos investidores; é preciso portanto..." — observem o "portanto" — "... controlar os orçamentos públicos, baixar o nível das taxas e impostos até chegarem a um nível suportável a longo prazo, reformar os sistemas de proteção social, desmantelar a rigidez dos mercados de trabalho, de modo que uma nova fase de crescimento só será atingida outra vez se nós fizermos um esforço de flexibilização dos mercados de trabalho." Se um texto tão extraordinário, tão extraordinariamente extraordinário, estivesse sujeito a passar desapercebido e a conhecer o destino efêmero dos escritos cotidianos dos jornais cotidianos, é porque ele estaria perfeitamente ajustado ao "horizonte de expectativas" da grande maioria dos leitores que somos. E tal fato levanta a questão de saber de que maneira foi produzido e divulgado um "horizonte de expectativas" tão divulgado (porque o mínimo que se deve acrescentar às teorias da recepção, da qual não sou adepto, é perguntar de onde sai esse "horizonte"). Esse horizonte é o produto de um trabalho social, ou melhor, político. Se as palavras do discurso do sr. Hans Tietmeyer passam tão facilmente, é que elas são moeda corrente. Elas estão por toda parte, em todas as bocas, correm como moeda corrente, são aceitas sem hesitação, exatamente como se faz com uma moeda, com uma moeda estável e forte evidentemente, tão estável e tão digna de confiança, de crença, de fé, quanto o marco alemão: "crescimento duradouro", "confiança dos investidores", "orçamentos públicos", "sistema de proteção social", "rigidez", "mercado de trabalho", "flexibilização", às quais se deveriam acrescentar "globalização" (fiquei sabendo por meio de outro jornal que li, também no avião que me levava de Atenas para Zurique, que — sinal de uma vasta difusão — os cozinheiros falam também de "globalização" para defender a cozinha francesa...), "flexibilização", "baixa das taxas" — sem precisar quais — "competitividade", "produtividade" etc.

Esse discurso de aparência econômica só pode circular além do círculo de seus promotores com a colaboração de uma multidão de pessoas, políticos, jornalistas, simples cidadãos que têm um verniz de economia suficiente para poder participar da circulação generalizada dos termos canhestros de uma vulgata econômica. Um indício do efeito produzido pela repetição midiática são as perguntas do jornalista, que de certa forma satisfazem as expectativas do sr. Tietmeyer: ele está tão impregnado, de antemão, pelas respostas, que poderia até mesmo produzi-las. É através de tais cumplicidades passivas que foi, pouco a pouco, se impondo uma visão dita neoliberal, na verdade conservadora, repousando sobre uma fé de outra era na inevitabilidade histórica fundada na primazia das forças produtivas, sem outra regulação a não ser as vontades concorrentes dos produtores individuais. E talvez não seja por acaso que tantas pessoas de minha geração passaram sem dificuldade de um fatalismo marxista para um fatalismo neoliberal: em ambos os casos, o economicismo desresponsabiliza e desmobiliza, anulando o político e impondo toda uma série de fins indiscutíveis, crescimento máximo, competitividade, produtividade. Tomar como guru o presidente do Banco da Alemanha é aceitar essa filosofia. O que pode surpreender é o fato de essa mensagem fatalista assumir ares de mensagem de liberação, por toda uma série de jogos léxicos em torno da idéia de liberdade, de liberação, de desregulamentação etc., por toda uma série de eufemismos, ou de jogos duplos com as palavras — a palavra "reforma", por exemplo — visando apresentar uma restauração como uma revolução, segundo uma lógica que é a de todas as revoluções conservadoras.

Para concluir, voltemos à palavra-chave do discurso de Hans Tietmeyer, *a confiança dos mercados.* Ela tem o mérito de expor em plena luz a escolha histórica com a qual se defrontam todos os poderes: entre a confiança dos mercados e a confiança do povo, é preciso escolher. Mas a política que visa preservar a confiança dos mercados corre o risco de perder a confiança do povo. Segundo uma pesquisa recente sobre a atitude em relação aos políticos, dois terços das pessoas interrogadas queixam-se deles por serem incapazes de escutar e levar em conta o que os franceses pensam, queixa particularmente freqüente entre os partidários da Frente Nacional — cuja irresistível ascensão se deplora, aliás, sem pensar um só momento em estabelecer uma ligação entre a FN e o FMI. (Esse desespero em relação aos políticos é particularmente acentuado entre os jovens de 18 a 34 anos, entre os operários e os empregados e também entre os simpatizantes do PC e da FN. Relativamente elevada entre os partidários de todos os partidos políticos, essa taxa de desconfiança atinge 64% entre os simpatizantes do PS, o que também tem a ver com a ascensão da FN). Caso se relacione a confiança dos mercados financeiros, que se deseja salvar a qualquer preço, com a desconfiança dos cidadãos, vê-se talvez melhor onde está a raiz da doença. A economia é, salvo algumas exceções, uma ciência abstrata fundada no corte, absolutamente injustificável, entre o econômico e o social, que define o economicismo. Esse corte está na raiz do fracasso de toda política que não tenha outro fim senão a salvaguarda da "ordem e da estabilidade econômicas", esse novo Absoluto do qual o sr. Tietmeyer se fez o piedoso servidor, fracasso a que leva a cegueira política de alguns e pelo qual todos nós pagamos.

Freiburg, outubro de 1996

*Os pesquisadores, a ciência econômica e o movimento social**

O movimento social de dezembro de 1995 foi um movimento sem precedentes por sua amplitude, e sobretudo por seus objetivos. E se foi considerado extremamente importante por grande parte da população francesa e também internacional, foi sobretudo porque introduziu nas lutas sociais objetivos inteiramente novos. Confusamente, sob forma de rascunho, ele forneceu um verdadeiro projeto de sociedade, coletivamente afirmado e capaz de se opor ao que era imposto pela política dominante, pelos revolucionários conservadores que estão atualmente no poder, nas instâncias políticas e nas instâncias de produção de discursos.

Perguntando-me como os pesquisadores poderiam contribuir para um empreendimento como os Estados Gerais, convenci-me da necessidade da sua presença ao descobrir a dimensão propriamente cultural e ideológica dessa revolu-

---

* Intervenção por ocasião da sessão inaugural dos Estados Gerais do Movimento Social, Paris, 23-24 de novembro de 1996.

ção conservadora. Se o movimento de dezembro foi amplamente reconhecido, é porque apareceu como uma defesa das conquistas sociais, não de uma categoria social particular — mesmo que uma categoria particular fosse a sua ponta de lança, por ser ela particularmente afetada —, mas de uma sociedade inteira, e até de um conjunto de sociedades: essas conquistas se referem ao trabalho, à educação pública, aos transportes públicos, a tudo o que é público, e ao mesmo tempo ao Estado, essa instituição que não é — ao contrário do que querem que acreditemos — necessariamente arcaica e regressiva.

Se esse movimento despontou na França, não foi por acaso. Há razões históricas. Mas o que deveria impressionar os observadores é que ele prossegue de forma recorrente, na França sob formas diversas, inesperadas — o movimento dos caminhoneiros, quem o esperaria dessa forma? — e também na Europa: na Espanha, neste momento; na Grécia, há alguns anos; na Alemanha, onde o movimento se inspirou no movimento francês e reivindicou explicitamente sua afinidade com ele; na Coréia — o que é ainda mais importante, por razões simbólicas e práticas. Essa espécie de luta recorrente está, ao que me parece, em busca de sua unidade teórica e principalmente prática. O movimento francês pode ser considerado a vanguarda de uma luta mundial contra o neoliberalismo e contra a nova revolução conservadora, na qual a dimensão simbólica é extremamente importante. Ora, penso que uma das fraquezas de todos os movimentos progressistas está no fato de que eles subestimaram a importância dessa dimensão e nem sempre forjaram armas adaptadas para combatê-la. Os movimentos sociais estão com um atraso de várias revoluções simbólicas em relação a seus adversários, que utilizam assessores de comunicação, assessores de televisão etc.

A revolução conservadora revindica o neoliberalismo, assumindo assim uma roupagem científica, e a capacidade de agir como teoria. Um dos erros teóricos e práticos de muitas teorias — a começar pela teoria marxista — foi esquecer de considerar a eficácia da teoria. Não devemos mais cometer esse erro. Lidamos com adversários que se armam com teorias, e trata-se, ao que me parece, de enfrentá-los com armas intelectuais e culturais. Para conduzir essa luta, em virtude da divisão do trabalho, alguns estão mais bem armados que outros, pois esse é o seu ofício. E um certo número deles está pronto a começar o trabalho. O que têm a oferecer? Primeiro, uma certa autoridade. Como foram chamadas as pessoas que apoiaram o governo em dezembro? Peritos, ao passo que todos eles juntos não valiam um milésimo de um economista. A tal efeito de autoridade, deve-se contrapor um efeito de autoridade.

Mas isso não é tudo. A força da autoridade científica, que se exerce sobre o movimento social e até no fundo das consciências dos trabalhadores, é muito grande. Ela produz uma forma de desmoralização. E uma das razões de sua força é que ela é detida por pessoas que parecem todas concordarem umas com as outras — o consenso é, em geral, um indício de verdade. Além disso, essa força se apóia nos instrumentos aparentemente mais poderosos de que o pensamento dispõe atualmente, em particular a matemática. O papel daquilo que se chama ideologia dominante é talvez desempenhado hoje por um certo uso da matemática (é claro que é um exagero, mas é um modo de chamar a atenção para o fato de que o trabalho de racionalização — o fato de dar razões para justificar coisas muitas vezes injustificáveis — encontrou hoje um instrumento muito poderoso na economia matemática). Diante dessa ideologia, que reveste de razão pura um pensamento simplesmente conservador, é importante contrapor razões, argumentos, refutações, demonstrações, e isso implica fazer um trabalho científico.

Uma das forças do pensamento neoliberal é o fato de se apresentar como uma espécie de "grande cadeia do Ser".[1] Como na velha metáfora teológica, em que, numa extremidade se tem Deus, e depois vai-se até as realidades mais humildes, por uma série de elos. Na nebulosa neoliberal, no lugar de Deus, no topo, há um matemático, e abaixo, há um ideólogo da revista *Esprit*,[2] que não sabe grande coisa de economia, mas que pode dar a impressão de que sabe um pouco, graças a um pequeno verniz de vocabulário técnico. Essa cadeia muito poderosa exerce um efeito de autoridade. Há dúvidas, mesmo entre os militantes, que resultam em parte da força, essencialmente social, da teoria que confere autoridade à palavra do sr. Trichet ou do sr. Tietmeyer, presidente do Bundesbank, ou deste ou daquele ensaísta. Não é um encadeamento de demonstrações, é uma cadeia de autoridades, que vai do matemático ao banqueiro, do banqueiro ao filósofo-jornalista, e do ensaísta ao jornalista. É também um canal pelo qual circulam dinheiro e todo tipo de vantagens econômicas e sociais, convites internacionais, prestígio. Nós sociólogos, sem fazer denúncias, podemos empreender o desmonte dessas redes e mostrar como a circulação das idéias é lastreada por uma circulação de poder. Há pessoas que trocam serviços ideológicos por posições de poder. Seria preciso dar exemplos, mas basta ler atentamente a lista dos signatários da famosa "Petição dos peritos". O interessante, efetivamente, é que ligações ocultas entre pessoas que habitualmente trabalham isoladas aparecem à luz do dia — mesmo que sejam vistas duas a duas nos falsos debates da televisão —, tais ligações envolvendo fundações, associações, revistas etc.

Essas pessoas elaboram coletivamente, sob a forma de consenso, um discurso fatalista, que consiste em transformar tendências econômicas em destino. Ora, as leis sociais, as leis econômicas etc. só se exercem na medida em que se permite que elas ajam. E se os conservadores estão do lado do *laisser-faire*, é porque em geral essas leis tendenciais conservam, e porque têm necessidade do *laisser-faire* para conservar. Sobretudo as dos mercados financeiros, sobre as quais nos falam o tempo todo, são leis de conservação, que têm necessidade do *laisser-faire* para que se cumpram.

Seria preciso desenvolver, argumentar, e principalmente matizar. Peço perdão pelo aspecto um tanto simplificador do que eu disse. Quanto ao movimento social, este pode contentar-se em existir; ele já cria bastante problema, e não vamos pedir que, além disso, produza justificações. Por outro lado, perguntamos imediatamente aos intelectuais que se associam ao movimento social: "Mas o que vocês propõem?" Não temos que cair na armadilha do programa. Já há bastantes partidos e aparelhos para isso. O que podemos fazer é criar não um contra-programa, mas um dispositivo de pesquisa coletivo, interdisciplinar e internacional, associando pesquisadores, militantes, representantes de militantes etc., tendo os pesquisadores um papel bem definido: eles podem participar de maneira particularmente eficaz, pois é sua profissão, de grupos de trabalho e de reflexão, em associação com pessoas que estão no movimento.

Isso exclui logo de saída um certo número de papéis: os pesquisadores não são companheiros de viagem, isto é, reféns e cauções, figuras decorativas e álibis que assinam petições e dos quais nos livramos tão logo tenham sido utilizados; também não são *apparatchiks* jdanovianos, que vêm exercer nos movimentos sociais poderes de aparência intelectual que não podem exercer na vida intelectual; tampouco são peritos que vêm dar lições — nem mesmo peritos anti-peritos; também não são profetas que responderão a todas as perguntas sobre o movimento social, sobre o seu futuro. São pessoas que podem ajudar a definir a função de instâncias como esta. Ou lembrar que as pessoas que estão aqui não estão presentes como porta-vozes, mas como cidadãos que vêm a um lugar de discussão e de pesquisa, com idéias, argumentos, deixando no vestiário seus jargões, plataformas e hábitos de aparelho. Nem sempre é fácil. Entre os hábitos de aparelho, que podem voltar, estão a criação de comissões, as moções de síntese muitas vezes previamente preparadas etc. A sociologia ensina como funcionam os grupos e como se servir das leis segundo as quais funcionam os grupos para tentar desmontá-los.

É preciso inventar novas formas de comunicação entre os pesquisadores e os militantes, ou seja, uma nova divisão do trabalho entre eles. Uma das missões que os pesquisadores podem cumprir, talvez melhor que ninguém, é a luta contra o "martelamento" da mídia. Ouvimos, durante dias inteiros, frases feitas. Não se pode mais ligar o rádio sem ouvir falar de "aldeia planetária", de "mundialização" etc. São palavras que parecem inocentes, mas através das quais passa toda uma filosofia, toda uma visão do mundo, que gera o fatalismo e a submissão. Pode-se enfrentar esse martelamento criticando as palavras, ajudando os não-profissionais a se municiarem de armas de resistência específicas, para combater os efeitos de autoridade, o domínio da televisão, que desempenha um papel absolutamente capital. Hoje, não é mais possível conduzir lutas sociais sem dispor de programas de luta específica com e contra a televisão. Remeto ao livro de Patrick Champagne, *Faire l'opinion* (Formar a opinião), que deveria ser uma espécie de manual do combatente político.[3] Nessa luta, o combate contra os intelectuais da mídia é importante. Quanto a mim, essas pessoas não me impedem de dormir e nunca penso nelas quando escrevo, mas elas têm um papel extremamente importante do ponto de vista político, e é desejável que uma fração dos pesquisadores aceite abrir mão de uma parte de seu tempo e de sua energia, à maneira militante, para contra-atacá-las.

Outro objetivo, inventar novas formas de ação simbólica. Nesse ponto, penso que os movimentos sociais, com algumas exceções históricas, estão atrasados. Em seu livro, Patrick Champagne mostra como certas grandes mobilizações podem ter menos espaço nos jornais e na televisão do que manifestações minúsculas, mas produzidas de tal modo que interessem aos jornalistas. Evidentemente, não se trata de lutar contra os jornalistas, também eles submetidos às coações da precarização, com todos os efeitos de censura que ela gera em todas as profissões de produção cultural. Mas é capital saber que uma parte enorme do que podemos dizer ou fazer será filtrado, isto é, muitas vezes aniquilado, por aquilo que os jornalistas dirão. Inclusive o que vamos fazer aqui. Eis uma observação que certamente eles não reproduzirão em seus relatórios...

Para concluir, direi que um dos problemas é ser reflexivo — esta é uma palavra importante, mas não é utilizada gratuitamente. Temos como objetivo não só inventar respostas, mas inventar um modo de inventar as respostas, de inventar uma nova forma de organização do trabalho de contestação e de organização da contestação, do trabalho militante. Aquilo com que nós pesquisadores poderíamos sonhar é que uma parte de nossas pesquisas pudesse ser útil ao movimento social, ao invés de perder-se, como acontece freqüentemente hoje, porque é interceptada e deformada por jornalistas ou intérpretes hostis etc. Desejamos, no âmbito de grupos como "Raisons d'agir", inventar novas formas de expressão, que permitam comunicar aos militantes as conquistas mais avançadas da pesquisa. Mas isso supõe também por parte dos pesquisadores uma mudança de linguagem e de estado de espírito.

Voltando ao movimento social, penso, como disse há pouco, que temos movimentos recorrentes — também poderia citar as greves de estudantes e professores na Bélgica, as greves na Itália etc. — de luta contra o imperialismo neoliberal, lutas que freqüentemente são independentes umas das outras (e que podem assumir formas nem sempre simpáticas, como certas formas de integrismo). É preciso pois unificar pelos menos a informação internacional e fazê-la circular. É preciso reinventar o internacionalismo, que foi captado e desviado pelo imperialismo soviético, isto é, inventar formas de pensamento teórico e formas de ação prática capazes de se situar ao nível em que deve se dar o combate. Se é verdade que a maioria das forças econômicas dominantes atua em nível mundial, transnacional, também é verdade que há um lugar vazio, o das lutas transnacionais. Vazio teoricamente, porque não é pensado, esse lugar não é ocupado praticamente, por falta de uma verdadeira organização internacional das forças capazes de enfrentar, pelo menos em escala européia, a nova revolução conservadora.

Paris, novembro de 1996

NOTAS

1. Alusão a *The Great Chain of Being*, de Arthur Lovejoy. (N.E.)

2. *Esprit*, revista intelectual associada à corrente "personalista cristã" e centro do movimento de apoio dos intelectuais à reforma Juppé. (N.E.)

3. P. Champagne, *Faire l'opinion*, Paris, Minuit, 1993.

*Por um novo internacionalismo**

Os povos da Europa vivem hoje uma virada de sua história, porque as conquistas de vários séculos de lutas sociais, combates intelectuais e políticos pela dignidade dos trabalhadores estão diretamente ameaçadas. Os movimentos que se observam aqui e ali, no conjunto da Europa e mesmo em outros lugares, até na Coréia, esses movimentos que se sucedem na Alemanha, na França, na Grécia, na Itália etc., aparentemente sem verdadeira coordenação, são revoltas contra uma política que assume formas diferentes segundo os domínios e segundo os países e que, todavia, se inspira sempre pela mesma intenção, isto é, destruir as conquistas sociais, que estão, digam o que disserem, entre as mais altas conquistas da civilização; conquistas que se deveria universalizar, estender a todo o universo, mundializar, em vez de se recorrer ao pretexto da "mundialização", da concorrência de países menos avançados, econômica e socialmente, para questioná-las. Nada é mais natural e legítimo do que a defesa

* Intervenção no terceiro Fórum do DGB de Hesse, Frankfurt, 7 de junho de 1997.

dessas conquistas, que alguns querem apresentar como uma forma de conservadorismo, ou de arcaísmo. Condenaríamos como conservadora a defesa de conquistas culturais da humanidade, Kant ou Hegel, Mozart ou Beethoven? As conquistas sociais de que falo, direito do trabalho, previdência social, pelas quais homens e mulheres sofreram e combateram, são conquistas igualmente importantes e preciosas e que, além disso, não sobrevivem apenas nos museus, bibliotecas e academias, mas estão vivas e atuantes na vida das pessoas, comandando a sua existência de todos os dias. É por isso que não posso deixar de sentir algo como uma sensação de escândalo diante daqueles que, fazendo-se aliados das forças econômicas mais brutais, condenam aqueles que, ao defender suas conquistas, às vezes descritas como "privilégios", defendem as conquistas de todos os homens e de todas as mulheres, da Europa e de outros lugares.

A interpelação que lancei, há alguns meses, ao sr. Tietmeyer, foi freqüentemente mal compreendida. E isso porque foi entendida como uma resposta a uma pergunta mal formulada, porque formulada, precisamente, numa lógica que é a do pensamento neoliberal, ao qual se filia o sr. Tietmeyer. Segundo essa visão, admite-se que a integração monetária, simbolizada pela criação do euro, é o preâmbulo obrigatório, a condição necessária e suficiente para a integração política da Europa. Em outros termos, defende-se que a integração política da Europa decorrerá necessariamente, inevitavelmente, da integração econômica. Tal postura converteria o fato de opor-se à política de integração monetária e a seus defensores, como o sr. Tietmeyer, num ato de oposição à integração política, em resumo, ser "contra a Europa".

Ora, não é nada disso. O que está em questão é o papel do Estado (dos Estados nacionais atualmente existentes ou do Estado europeu, que se trataria de criar), particularmente na proteção dos direitos sociais, o papel do Estado social, único capaz de contrabalançar os mecanismos implacáveis da economia abandonada a si própria. Pode-se ser contra uma Europa que, como a do sr. Tietmeyer, existiria como simples reserva para os mercados financeiros, sendo ao mesmo tempo a favor de uma Europa que, através de uma política orquestrada, seria um obstáculo à violência sem freios desses mercados. Mas nada autoriza a esperar semelhante política da Europa dos banqueiros que preparam para nós. Não se pode mais esperar da integração monetária que ela garanta a integração social. Pelo contrário: sabemos, com efeito, que os Estados que quiserem preservar sua competitividade no seio da zona euro, às custas de seus parceiros, não terão outro recurso senão baixar os encargos salariais, reduzindo os encargos sociais; o *dumping social* e salarial, a "flexibilização" do mercado de trabalho serão os únicos recursos deixados aos Estados, privados da possibilidade de jogar com as taxas de câmbio. Ao efeito desses mecanismos virá acrescentar-se certamente a pressão das "autoridades monetárias", como o Bundesbank e seus dirigentes, sempre prontos a pregar a "austeridade salarial". Somente um Estado social europeu seria capaz de contrabalançar a ação *de-*

sintegradora da economia monetária. Mas o sr. Tietmeyer e os neoliberais não querem nem Estados nacionais, em que vêem simples obstáculos ao livre funcionamento da economia, nem, menos ainda, o Estado supranacional, que querem reduzir a um banco. E é claro que, se querem se desvencilhar dos Estados nacionais (ou do Conselho de ministros dos Estados da comunidade) despojando-os do seu poder, não é, evidentemente, para criar um Estado supranacional, que lhes imporia, com mais autoridade, as obrigações, em matéria de política social particularmente, das quais eles querem a qualquer preço se eximir.

Assim, pode-se ser hostil à integração da Europa fundada apenas na moeda única, sem ser de modo algum hostil à integração política da Europa; e, pelo contrário, apelar para a criação de um Estado europeu capaz de controlar o Banco Europeu e, mais precisamente, capaz de controlar, antecipando-os, os efeitos sociais da união reduzida à sua dimensão puramente monetária, segundo a filosofia neoliberal que pretende apagar todos os vestígios do Estado (social) como obstáculos ao funcionamento harmonioso dos mercados.

É certo que a concorrência internacional (sobretudo intra-européia) é um obstáculo ao funcionamento *em um só país* daquilo que os senhores chamam de "proibição de regressão". Isso se vê bem em matéria de redução da jornada de trabalho ou de retomada econômica (apesar do fato de que a redução da duração do trabalho se autofinancia parcialmente em razão do aumento provável da produtividade e porque permite recuperar as somas enormes que são gastas para sustentar o desemprego). John Major mostra que compreendeu bem isso ao dizer cinicamente: "Vocês terão os encargos sociais e nós teremos o trabalho." Como também compreenderam os patrões alemães, que começam a deslocar algumas empresas para a França, onde a destruição dos direitos sociais está relativamente mais "avançada". De fato, se é verdade que a concorrência é, no essencial, intra-européia e que são trabalhadores franceses que tomam o trabalho dos trabalhadores alemães, e reciprocamente — como é o caso, pois *cerca de três quartos das trocas externas dos países europeus se fazem nos limites do espaço europeu* —, vê-se que os efeitos de uma redução da jornada de trabalho sem redução de salário seriam muito atenuados, sob a condição de que uma tal medida fosse decidida e implantada em escala européia.

Ocorre o mesmo com políticas de retomada da demanda ou de investimento nas novas tecnologias, que, impossíveis ou muito dispendiosas, como repetem os detentores de baixa qualificação, se conduzidas em um só país, se tornariam razoáveis na escala do continente. E também, mais genericamente, com toda ação orientada pelos princípios de uma verdadeira economia da felicidade, capaz de levar em conta todos os lucros e todos os custos, materiais e simbólicos, das condutas humanas, e principalmente da atividade e da inatividade. Em suma, à Europa monetária destruidora das conquistas sociais, é imperativo opor uma Europa social, fundada numa aliança entre os trabalhadores dos diferentes países europeus, capaz de neutralizar as ameaças que os trabalhadores de cada país impõem, através do *dumping social* em particular, aos trabalhadores dos outros países.

Nessa perspectiva, e para sair de um simples programa abstrato, tratar-se-ia de inventar um novo internacionalismo, tarefa que cabe, em primeiro lugar, às organizações sindicais. Mas o internacionalismo, além de ter sido desacreditado, em sua forma tradicional, pela subordinação ao imperialismo soviético, se choca com grandes obstáculos, pelo fato de que as estruturas sindicais são nacionais (ligadas ao Estado e em parte produzidas por ele) e separadas por tradições históricas diferentes: por exemplo, na Alemanha, existe uma forte autonomia dos parceiros sociais, enquanto na França tem-se uma tradição sindical fraca diante de um Estado forte; do mesmo modo, a proteção social varia enormemente em suas formas, desde a Inglaterra, onde é financiada pelo imposto, até a Alemanha e a França, onde é mantida pelas cotizações. Em escala européia, não existe quase nada. O que se chama de "Europa social", com a qual não se preocupam os "guardiães do euro", se reduz a alguns grandes princípios, como, por exemplo, a "carta comunitária dos direitos sociais fundamentais" que define uma base de direitos mínimos, cuja implementação é deixada a cargo dos Estados membros. O protocolo social anexado ao Tratado de Maastricht prevê a possibilidade de adotar diretrizes por maioria na área das condições de trabalho, da informação e da consulta aos trabalhadores, da igualdade de oportunidades entre homens e mulheres. Prevê também que os "parceiros sociais" europeus têm o poder de negociar acordos coletivos, que, uma vez adotados pelo Conselho de Ministros, têm força de lei.

Tudo isso é muito bonito, mas onde está a força social européia capaz de impor tais acordos ao patronato europeu? As instâncias internacionais, como a Confederação Européia dos Sindicatos, são fracas (por exemplo, excluem um certo número de sindicatos, como a CGT) diante de um patronato organizado e, paradoxalmente, deixam quase sempre a iniciativa às instituições comunitárias (e aos tecnocratas), mesmo quando se trata de direitos sociais. Os comitês empresariais europeus poderiam ser, como se viu em certos conflitos no seio de empresas multinacionais, um recurso poderoso, mas, sendo simples estruturas de consulta, eles se defrontam com a diversidade de interesses que os separa ou os opõe de um país a outro. A coordenação européia das lutas está muito atrasada. As organizações sindicais deixaram passar ocasiões importantes, como a greve alemã pelas 35 horas, que não foi repetida em nível europeu, ou as grandes mobilizações levadas a cabo, na França e em vários países europeus, no fim de 95 e no começo de 96, contra a política de austeridade e de desmantelamento dos serviços públicos. Os intelectuais — sobretudo na Alemanha — ficaram silenciosos, ou então agiram como intermediários do discurso dominante.

Como criar as bases de um novo internacionalismo, no nível sindical, intelectual e popular? Podem-se distinguir duas formas de ação possíveis, que não são excludentes. Há primeiro a mobilização dos povos, que supõe, nesse caso, uma contribuição específica dos intelectuais, na medida em que a desmobilização resulta em parte da desmoralização determinada pela ação permanente de "propaganda" dos ensaístas e dos jornalistas, propaganda que não se reconhece nem é percebida como tal. As bases sociais para o sucesso de tal mobilização existem: citarei apenas os efeitos das transformações das relações no sistema escolar, com, em especial, a elevação do nível de instrução, a desvalorização dos títulos escolares e a conseqüente desclassificação estrutural, e também o enfraquecimento da distância entre os estudantes e os trabalhadores braçais (subsiste a distância entre os velhos e os moços, entre os titulares e os precarizados ou proletarizados, mas foram se criando laços reais, por exemplo, através dos filhos de operários educados atingidos pela crise). Mas há também, e principalmente, a evolução da estrutura social, contra o mito da enorme classe média, tão forte na Alemanha, com o aumento das desigualdades sociais, a massa global das remuneração do capital tendo aumentado em 60%, enquanto a remuneração do trabalho assalariado ficava estável. Essa ação de mobilização internacional supõe que se dê um lugar importante ao combate pelas idéias (rompendo com a tradição "obreirista" persistente nos movimentos sociais, sobretudo na França, e que impede que se dê o justo lugar às lutas intelectuais nas lutas sociais), e particularmente à crítica das representações que produzem e propagam continuamente as instâncias dominantes e seus pensadores de plantão, falsas estatísticas, mitologias referentes ao pleno emprego na Inglaterra ou nos Estados Unidos etc.

Segunda forma de intervenção em favor de um internacionalismo capaz de promover um Estado social transnacional, a ação sobre e através dos Estados nacionais que, na conjuntura atual, e na falta de visão global do futuro, são incapazes de administrar o interesse geral comunitário. É preciso atuar sobre os Estados nacionais, por um lado para defender e reforçar as conquistas históricas associadas ao Estado nacional (e muitas vezes tanto mais importantes e tanto mais enraizadas nos "habitus" quanto mais forte é o Estado, como na França); por outro lado, para obrigar esses Estados a trabalharem na criação de um Estado social europeu, acumulando as conquistas sociais mais avançadas dos diferentes Estados nacionais (mais creches, escolas, hospitais, e menos exército, polícia e prisões) e a subordinar a implantação do mercado unificado à elaboração das medidas sociais destinadas a compensar as conseqüências sociais prováveis que a livre concorrência acarretará para os assalariados. (Nesse ponto, pode-se buscar inspiração no exemplo da Suécia, que adiou a entrada no euro até uma renegociação que repõe no primeiro plano a coordenação das políticas econômicas e sociais.) A coesão social é um fim tão importante quanto a paridade das moedas, e a harmonização social é a condição do sucesso de uma verdadeira união monetária.

Caso se faça da harmonização social, e da solidariedade que ela produz e supõe, um pré-requisito absoluto, é preciso submeter desde logo à negociação, com a mesma preocupação de rigor até agora reservada aos índices econômicos (como os famosos 3% do Tratado de Maastricht), um certo número de objetivos comuns: a definição de *salários mínimos* (diferenciados por zonas, para levar em conta as disparidades regionais); a elaboração de medidas *contra a corrupção e a fraude fiscal*, que reduzem a contribuição das atividades financeiras aos cofres públicos, acarretando assim indiretamente uma taxação excessiva do trabalho, e *contra o dumping social* entre atividades diretamente concorrentes; a redação de um *direito social comum* que aceitaria, a título de transição, uma diferenciação por zonas, e ao mesmo tempo visaria integrar as políticas sociais, unificando-se em torno de pontos em comum e desenvolvendo-se onde ele não existe: com, por exemplo, a instauração de uma renda mínima para as pessoas sem emprego remunerado e sem outros recursos, a diminuição dos encargos que incidem sobre o trabalho, o desenvolvimento de direitos sociais, como a formação, a elaboração de um direito ao emprego, à habitação e a invenção de uma política externa em matéria social, visando difundir e generalizar as normas sociais européias; a concepção e a implementação de uma *política comum de investimento* de acordo com o interesse geral: ao contrário das estratégias de investimento resultantes da autonomização de atividades financeiras puramente especulativas e/ou orientadas por considerações de lucro a curto prazo, ou fundadas em pressupostos totalmente contrários ao interesse geral, como a crença de que as reduções de emprego são uma prova de boa gestão e uma garantia de rentabilidade, tratar-se-ia de privilegiar as estratégias visando assegurar a salvaguarda dos recursos não-renováveis e do meio ambiente, o desenvolvimento das redes trans-européias de transporte e de energia, a extensão da habitação social e a renovação urbana (com ênfase sobretudo em transportes urbanos ecológicos), o investimento na pesquisa-desenvolvimento em matéria de saúde e de proteção ao meio ambiente, o financiamento de atividades novas, aparentemente mais arriscadas, e assumindo formas desconhecidas do mundo financeiro (pequenas empresas, trabalho independente).[1]

O que pode parecer um simples catálogo de medidas disparatadas se inspira, de fato, na vontade de romper com o fatalismo do pensamento neoliberal, de "desfatalizar" politizando, substituindo a economia naturalizada do neoliberalismo por uma economia da felicidade que, fundada nas iniciativas e na vontade humanas, abre lugar em seus cálculos aos custos em sofrimento e aos lucros em realização pessoal, que o culto estritamente economicista da produtividade e da rentabilidade ignora.

O futuro da Europa depende muito do peso das forças progressistas na Alemanha (sindicatos, SPD, Verdes) e de sua vontade e capacidade de se oporem à política do euro "forte", que o Bundesbank e o governo alemão defendem. Dependerá muito de sua capacidade de animar e canalizar o movimento por uma reorientação da política européia, que se exprime desde hoje em vários países, em particular na França. Em suma, contra todos os profetas da infelicidade que querem convencê-los de que o seu destino está nas mãos de potências transcendentes, independentes e indiferentes, como os "mercados financeiros" ou os mecanismos da "mundialização", quero afirmar, com a esperança de convencê-los, que o futuro, o seu futuro, que também é o nosso, o de todos os europeus, depende muito dos senhores, como alemães e como sindicalistas.

Frankfurt, junho de 1997

NOTAS

1. Adoto um certo número dessas sugestões de Yves Salesse, *Propositions pour une autre Europe, Construire Babel*, Paris, Félin, 1997.

*A televisão, o jornalismo e a política**

Como explicar a extrema violência das reações que a obra *Sobre a televisão* provocou nos jornalistas franceses mais destacados?[1] A indignação virtuosa que manifestaram é sem dúvida imputável, em parte, ao *efeito da transcrição:* esta faz desaparecer, inevitavelmente, o acompanhamento não escrito da palavra, o tom, os gestos, a mímica, os sorrisos, isto é, tudo aquilo que, para um espectador de boa-fé, assinala de imediato a diferença entre um discurso animado pela preocupação de fazer compreender e de convencer e o panfleto polêmico que a maioria deles viu ali a despeito de todos os meus desmentidos antecipados. Mas isso se explica sobretudo por algumas das propriedades mais típicas da visão jornalística (que pôde levá-los em outros tempos a se exaltar com um livro como *A miséria do mundo*): como a tendência a identificar o novo com o que se chama "revelações" ou a

* Este texto, publicado originalmente na tradução brasileira de *Sobre a televisão* (Jorge Zahar, 1997), foi revisto e modificado pelo autor para a presente edição. (N.E.)

propensão a privilegiar o aspecto mais diretamente visível do mundo social, isto é, os indivíduos, seus feitos e sobretudo seus malfeitos, em uma perspectiva que é com freqüência a da denúncia e da acusação, em detrimento das estruturas e dos mecanismos invisíveis (aqui, os do campo jornalístico) que orientam as ações e os pensamentos e cujo conhecimento antes favorece a indulgência compreensiva do que a condenação indignada (primado do visível que pode levar a uma forma de censura quando só se aborda um assunto em função de imagens, de preferência imagens espetaculares); ou ainda a tendência a se interessar mais pelas "conclusões" (supostas) do que pelo andamento pelo qual se chega a elas. Tenho, assim, a lembrança daquele jornalista que, quando da publicação de meu livro *La Noblesse d'État*, balanço de dez anos de pesquisas, me propunha participar de um debate na televisão sobre as Grandes Escolas no qual o presidente da Associação dos Ex-alunos falaria "a favor" enquanto eu falaria "contra" e que não compreendia que eu pudesse recusar. Da mesma maneira, os "grandes articulistas" que criticaram meu livro puseram pura e simplesmente entre parênteses o método que nele empreguei (e em particular a análise do mundo jornalístico enquanto campo), reduzindo-o assim, sem sequer o saber, a uma série de tomadas de posição banais, entremeadas de alguns lampejos polêmicos.

No entanto, é esse método que eu desejaria novamente ilustrar, tentando mostrar, com o risco de novos malentendidos, como o campo jornalístico produz e impõe uma visão inteiramente particular do campo político, que encontra seu princípio na estrutura do campo jornalístico e nos interesses específicos dos jornalistas que aí vão se engendrando.

Em um universo dominado pelo temor de ser entediante e pela preocupação (quase pânico) de divertir a qualquer preço, a política está condenada a aparecer como um assunto ingrato, que se exclui tanto quanto possível dos horários de grande audiência, um espetáculo pouco excitante, ou mesmo deprimente, e difícil de tratar, que é preciso tornar interessante a qualquer preço. Daí a tendência que se observa por toda parte, tanto nos Estados Unidos quanto na Europa, a sacrificar cada vez mais o editorialista e o repórter-investigador em favor do animador-comediante, a informação, análise, entrevista aprofundada, discussão de conhecedores ou reportagem em favor do puro divertimento e, em particular, das tagarelices insignificantes dos *talk shows* entre interlocutores credenciados e intercambiáveis (alguns dos quais, crime imperdoável, citei a título de exemplo). Para compreender verdadeiramente o que se diz e sobretudo o que não pode ser dito nessas trocas fictícias, seria preciso analisar em detalhe as condições de seleção daqueles que são chamados nos Estados Unidos de *panelists*[2], estar sempre disponíveis, isto é, sempre dispostos a participar, mas também a jogar o jogo, aceitando falar de tudo (é a própria definição italiana do *tuttólogo*) e a responder a todas as perguntas, mesmo as mais absurdas ou mais chocantes, que os jornalistas se fazem; estar dispostos a tudo, isto é, a todas as concessões (sobre o assunto, sobre os outros participantes etc.), a todos os compromissos e a todos os comprometimentos para participar e para granjear assim os benefícios diretos e indiretos da notoriedade "na mídia", prestígio junto aos órgãos de imprensa, convites para dar conferências lucrativas etc.; em particular nos contatos prévios que certos produtores fazem, nos Estados Unidos e cada vez mais na Europa, para escolher os *panelistas*, empenhar-se para formular tomadas de posição simples, em termos claros e brilhantes, evitando embaraçar-se com saberes complexos (segundo a máxima: "*The less you know, the better off you are*").

Mas os jornalistas, que invocam as expectativas do público para justificar essa política da simplificação demagógica (em tudo oposta à intenção democrática de informar, ou de educar divertindo), não fazem mais que projetar sobre ele suas próprias inclinações, sua própria visão; especialmente quando o medo de entediar, e portanto de fazer baixar a audiência, os leva a dar prioridade ao combate em lugar do debate, à polêmica em lugar da dialética, e a empregar todos os meios para privilegiar o enfrentamento entre as pessoas (os políticos, sobretudo) em detrimento do confronto entre seus argumentos, isto é, do que constitui o próprio móvel do debate, déficit orçamentário, baixa dos impostos ou dívida externa. Pelo fato de que o essencial de sua competência consiste em um conhecimento do mundo político baseado na intimidade dos contatos e das confidências (ou mesmo dos rumores e dos mexericos) mais que na objetividade de uma observação ou de uma investigação, eles tendem, com efeito, a levar tudo para um terreno em que são peritos, interessando-se mais pelo jogo e pelos jogadores do que por aquilo que está em jogo, mais pelas questões de pura tática política do que pela substância dos debates, mais pelo efeito político dos discursos na lógica do campo político (a das coligações, das alianças ou dos conflitos entre as pessoas) do que por seu conteúdo (quando não chegam a inventar e a impor à discussão puros artefatos, como, por ocasião da última eleição na França, a questão de saber se o debate entre a esquerda e a direita devia ser travado a dois — entre Jospin, líder da oposição, e Juppé, primeiro-ministro de direita — ou a quatro — entre Jospin e Hue, seu aliado comunista, de um lado, e Juppé e Léotard, seu aliado centrista, do outro —, intervenção que, sob as aparências da neutralidade, era uma imposição política, capaz de favorecer os partidos conservadores, fazendo sobressair as divergências eventuais entre os partidos de esquerda). Em razão de sua posição ambígua no mundo político, no qual são atores muito influentes sem por isso serem membros de pleno direito e no qual estão em condição de oferecer aos políticos serviços simbólicos indispensáveis (que eles não podem conquistar para si mesmos, salvo, hoje, coletivamente, no domínio literário, em que fazem funcionar plenamente o jogo do "toma-lá-dá-cá"), eles tendem ao ponto de vista de Tersites e a uma forma espontânea da filosofia da suspeita, que os leva a procurar as causas das tomadas de posição mais desinteressadas e das convicções mais sinceras nos interesses associados a posições no campo político (como as rivalidades no seio de um partido ou de uma "corrente").

Tudo isso os leva a produzir e a propor, seja nos considerandos de seus comentários políticos, seja nas perguntas de suas entrevistas, uma *visão cínica* do mundo político, espécie de arena entregue às manobras de ambiciosos sem convicção, guiados pelos interesses ligados à competição que os envolve. (É verdade, diga-se de passagem, que são encorajados a isso pela ação dos conselheiros e consultores políticos, intermediários encarregados de auxiliar os políticos nessa espécie de marketing político explicitamente calculado, sem ser necessariamente cínico, que é cada vez mais necessário para ser bem-sucedido politicamente, ajustando-se às exigências do campo jornalístico, e de suas instituições mais típicas, como por exemplo os grandes debates políticos na televisão, os "clubes de imprensa", ou outras, verdadeiras "panelinhas" que contribuem cada vez mais para fazer os políticos e sua reputação.) Essa atenção exclusiva ao "microcosmo" político, aos fatos e aos efeitos que aí sucedem tende a produzir uma ruptura com o ponto de vista do público ou pelo menos de suas frações mais preocupadas com as conseqüências reais que as tomadas de posição políticas podem ter sobre sua existência e sobre o mundo social. Ruptura que é consideravelmente reforçada e redobrada, particularmente entre as estrelas de televisão, pela distância social associada ao privilégio econômico e social. Com efeito, sabe-se que, desde os anos 60, nos Estados Unidos e na maior parte dos países europeus, as vedetes da mídia acrescentam a salários extremamente elevados — da ordem de 100.000 dólares ou mais na Europa, e de vários milhões de dólares do lado americano[3] — os cachês muitas vezes exorbitantes associados a participações em *talk shows*, a turnês de conferências, a colaborações regulares em jornais, a "encontros", sobretudo por ocasião de reuniões de grupos profissionais. É assim que a dispersão da estrutura da distribuição do poder e dos privilégios no campo jornalístico não faz senão crescer, na medida em que, ao lado dos pequenos empresários capitalistas que devem conservar e aumentar seu capital simbólico por uma política de presença permanente no ar (necessária para manter sua cotação no mercado das conferências e de "encontros"), desenvolve-se um vasto subproletariado condenado pela precarização a uma forma de autocensura.[4]

A esses efeitos somam-se os da concorrência no interior do campo jornalístico, já mencionados, como a obsessão pelo *furo* e a tendência a privilegiar sem discussão a informação mais recente e de acesso mais difícil, ou então a busca exacerbada, encorajada pela competição, da interpretação mais sutil e mais paradoxal, isto é, com freqüência a mais cínica, ou ainda os jogos da previsão amnésica a respeito do curso dos acontecimentos, isto é, os prognósticos e os diagnósticos ao mesmo tempo pouco dispendiosos (próximos das apostas esportivas) e protegidos pela mais completa impunidade, protegidos na verdade pelo esquecimento engendrado pela descontinuidade quase perfeita da crônica jornalística e pela rotação rápida dos conformismos sucessivos (os que, por exemplo, levaram os jornalistas de todos os países a passar, em alguns meses, depois de 1989, da exaltação pela magnífica emergência das novas democracias à condenação das hediondas guerras étnicas).

Todos esses mecanismos concorrem para produzir um efeito global de despolitização ou, mais exatamente, de desencanto com a política. Sem que haja necessidade de que tal ocorra explicitamente, a busca do divertimento acaba por desviar a atenção para um espetáculo (ou um escândalo) todas as vezes que a vida política faz surgir uma questão importante, mas de aparência tediosa, ou, mais sutilmente, a reduzir o que se chama de "atualidade" a uma rapsódia de acontecimentos divertidos, freqüentemente situados, como no caso exemplar do processo O.J. Simpson, a meio caminho entre as notícias de variedades e o show, a uma sucessão sem pé nem cabeça de acontecimentos sem proporção, justapostos pelos acasos da coincidência cronológica (um tremor de terra na Turquia e a apresentação de um plano de restrições orçamentárias, uma vitória esportiva e um processo sensacionalista), que reduzimos ao absurdo reduzindo-os ao que se dá a ver no instante, no atual, e separando-os de todos os seus antecedentes ou de suas conseqüências.

A ausência de interesse pelas mudanças insensíveis, isto é, por todos os processos que, à maneira da deriva dos continentes, permanecem desapercebidos e imperceptíveis no instante, e apenas revelam plenamente seus efeitos com o tempo, vem redobrar os efeitos da *amnésia estrutural* favorecida pela lógica do pensamento no dia-a-dia e pela concorrência que impõe a identificação do importante e do novo (o *furo* e as "revelações") para condenar os jornalistas a produzir uma representação instantaneísta e descontinuísta do mundo. Na falta de tempo, e sobretudo de interesse e de informação prévia (limitando-se seu trabalho de documentação, no mais das vezes, à leitura dos artigos de imprensa consagrados ao mesmo assunto), eles quase sempre não são capazes de situar os acontecimentos (por exemplo, um ato de violência em uma escola) no sistema de relações em que estão inseridos (como o estado da estrutura familiar, ela própria ligada ao mercado de trabalho, por sua vez ligado à política tributária etc.) e contribuir assim para arrancá-los de uma aparente condição absurda. Sem dúvida, encorajados nisso pela tendência dos políticos, e, em particular, dos responsáveis governamentais que em troca eles encorajam, a destacar, em suas decisões e em seu esforço para torná-las conhecidas, os projetos a curto prazo com "efeitos de anúncio", em detrimento das ações sem efeitos imediatamente visíveis.

Essa visão des-historicizada e des-historicizante, atomizada e atomizante, encontra sua realização paradigmática na imagem que dão do mundo as atualidades televisivas, sucessão de histórias aparentemente absurdas que acabam todas por assemelhar-se, desfiles ininterruptos de povos miseráveis, seqüências de acontecimentos que, surgidos, sem explicação, desaparecerão sem solução, hoje o Zaire, ontem Biafra e amanhã o Congo, e que, assim despojados de toda necessidade política, podem apenas, no melhor dos casos, suscitar um vago interesse humanitário. Essas tragédias sem laços, que se sucedem sem perspectiva histórica, não se distinguem realmente das catástrofes naturais, tornados, incêndios florestais, inundações, que também estão muito presentes na "atualidade", porque jornalisticamente tradicionais, para não dizer rituais, e sobretudo espetaculares e pouco dispendiosas de cobrir. Quanto às suas vítimas, não são mais suscetíveis de provocar uma solidariedade ou uma revolta propriamente políticas do que os descarrilamentos de trens e outros acidentes.

Assim, as pressões da concorrência se conjugam com as rotinas profissionais para levar a televisão a produzir a imagem de um mundo cheio de violências e de crimes, de guerras étnicas e de ódios racistas, e a propor à contemplação cotidiana um ambiente de ameaças incompreensível e inquietante, do qual é preciso se manter distante e se proteger, uma sucessão absurda de desastres sobre os quais não se compreende nada e nada se pode fazer. Insinua-se assim, pouco a pouco, uma filosofia pessimista da história que encoraja a desistência e a resignação em lugar de estimular a revolta e a indignação. Ao invés de mobilizar e de politizar, uma tal filosofia acaba contribuindo para avivar os temores xenófobos, assim como a ilusão de que o crime e a violência não param de crescer também favorece as ansiedades e as fobias da visão obnubilada pela idéia de segurança. O sentimento de que o mundo não oferece ponto de apoio ao comum dos mortais conjuga-se com a impressão de que, um pouco à maneira do esporte de alto nível que suscita uma ruptura semelhante entre os praticantes e os espectadores, o jogo político é um assunto de profissionais, para encorajar, sobretudo entre os menos politizados, um desengajamento fatalista evidentemente favorável à manutenção da ordem estabelecida.

Com efeito, é preciso ter muita fé nas capacidades de "resistência" do povo (capacidades inegáveis, mas limitadas) para supor, com certa "crítica cultural" dita "pós-moderna", que o cinismo profissional dos produtores de televisão, cada vez mais próximos dos publicitários em suas condições de trabalho, em seus objetivos (a busca da audiência máxima, portanto do "pouco mais" que permite "vender melhor") e em seu modo de pensar, possa encontrar seu limite ou seu antídoto no cinismo ativo dos espectadores (ilustrado sobretudo pelo *zapping*): a exemplo do que fazem certos hermeneutas "pós-modernos", tomar por universal a aptidão para praticar a exacerbação reflexiva de uma "leitura" crítica de terceiro ou quarto grau das mensagens "irônicas e metatextuais", engendradas pelo cinismo manipulador dos produtores de televisão e dos publicitários, é o mesmo que incidir numa das formas mais perversas da ilusão escolástica em sua forma populista.

NOTAS

1. *Sobre a televisão* foi objeto de uma vasta controvérsia que mobilizou todos os grandes jornalistas e editorialistas dos diários, dos semanários e das televisões francesas durante vários meses, período durante o qual o livro encabeçava a lista dos best-sellers. (N.E.)

2. Membros de uma mesa redonda transmitida por televisão ou rádio. (N.E.)

3. Cf. James Fallows, *Breaking the News. How Media Undermine American Democracy*, Nova York, Vintage Books, 1997.

4. Cf. Patrick Champagne, "Le journalisme entre précarité et concurrence", *Liber*, 29, dezembro de 1996.

Retorno sobre a televisão[*]

Em Sobre a televisão *o senhor diz que é necessário despertar a consciência dos profissionais sobre a estrutura invisível da imprensa. O senhor acha que os profissionais e o público estejam ainda cegos quanto aos mecanismos dos meios de comunicação num mundo extremamente midiatizado? Ou existe uma cumplicidade entre eles?*

P.B.: Não acho que os profissionais estejam cegos. Eles vivem, creio, num estado de dupla consciência: uma visão prática que os leva a aproveitar ao máximo, freqüentemente com um certo cinismo, algumas vezes sem de darem conta disso, as possibilidades que lhes oferece o instrumento midiático do qual dispõem (eu falo dos *poderosos* entre esses profissionais); uma visão teórica, moralizante e carregada de indulgência por eles mesmos, que os leva a negar publicamente a verdade do que fazem, a mascará-la e a até mesmo a mascará-la para eles próprios. Duas provas disso são: de um lado, as reações a meu pequeno livro, condenado unâ-

* Entrevista concedida ao jornalista Paulo Roberto Pires, publicada em *O Globo,* Rio de Janeiro, em 4 de outubro de 1997, por ocasião da publicação da edição brasileira de *Sobre a televisão.*

nime e violentamente pelos "grandes articulistas" (*uma análise rápida dessas reações pode ser encontrada num número recente da revista americana* Lingua Franca, *sob o título "Bourdieu unplugged"*), dizendo ao mesmo tempo a boca pequena que ele não trazia nada que ainda não se soubesse (segundo uma lógica tipicamente freudiana que eu já havia podido observar a respeito dos meus livros sobre educação); de outro lado, os comentários categóricos e hipócritas que foram feitos a respeito do papel dos jornalistas na morte de Lady Di, que exploravam muito além dos limites da decência o filão jornalístico em que se constituía esse não-acontecimento. Essa dupla consciência — muito comum nos poderosos: já se dizia que os adivinhos romanos não conseguiam se olhar sem rir — faz com que possam ao mesmo tempo denunciar como um panfleto escandaloso e venenoso a descrição objetiva de sua prática e enunciar explicitamente a esse respeito algo equivalente, seja nas trocas privadas, entre eles, ou mesmo em relação ao sociólogo que conduz a pesquisa — dou exemplos disso em meu livro, sobretudo a propósito das "panelinhas" —, seja em declarações públicas. Desta forma, Thomas Ferenczi escreveu no *Le Monde* de 7-8 de setembro, em resposta às críticas dos leitores acerca do tratamento dado pelo jornal ao caso Lady Di, que o "*Le Monde* mudou". Isto é, dá um espaço cada vez maior ao que ele chama pudicamente de "fatos da sociedade", que são as mesmas verdades cuja enunciação ele não suportava três meses antes. No momento em que um deslize (*glissement*), *imposto pela televisão*, chama a atenção, este é assumido, no tom moralizante que convém, como uma forma de se adaptar à modernidade e de "aumentar sua curiosidade"! [Acréscimo de janeiro de 1998: E o "mediador" especialmente designado para dar o troco a leitores conscientes do peso cada vez maior das preocupações comerciais nas escolhas redacionais despejará assim a cada semana toda a sua retórica para tentar fazer crer que se pode ser juiz e parte repisando, incansavelmente, os mesmos argumentos tautológicos. Àqueles que, a propósito da entrevista, por um pálido escritor,[1] de um cantor popular decadente, criticam o *Le Monde* por cair em uma "forma de demagogia", ele só consegue contrapor, no *Le Monde* de 18-19 de janeiro de 1998, a "vontade de abertura" de seu jornal: "esses temas, e outros, recebem, diz ele, uma ampla cobertura porque trazem um esclarecimento útil sobre o mundo que nos rodeia e porque interessam, por essa razão mesma, a uma grande parte de nossos leitores"; àqueles que, na semana seguinte, condenaram a reportagem complacente de um intelectual-jornalista sobre a situação na Argélia, traição de todos os ideais críticos da tradição do intelectual, ele responde, no *Le Monde* de 25-26 de janeiro de 1998, que o jornalista não deve escolher entre os intelectuais. Os textos assim produzidos, semana após semana, pelo defensor da linha do jornal, provavelmente escolhido por sua extrema prudência, são a maior imprudência desse jornalista: o inconsciente mais profundo do jornalismo se revela aí pouco a pouco, ao longo dos desafios lançados pelos leitores, em uma espécie de longa sessão hebdomadária de análise.]

Há portanto uma dupla consciência entre os profissionais dominantes, sobretudo na *Nomenklatura* dos jornalistas poderosos ligados por interesses comuns e por cumplicidades de todas as ordens.[2] Entre os jornalistas "de base", os tarefeiros da reportagem, os menos sacadores, todos os obscuros condenados à precariedade, que fazem o que há de mais autenticamente jornalístico no jornalismo, a lucidez é evidentemente maior e se exprime freqüentemente de forma muito direta. É, entre outras coisas, graças a seus depoimentos que podemos ter acesso a um certo conhecimento do mundo da televisão.[3]

O senhor analisa o que é chamado de "campo jornalístico", mas seu ponto de vista é o do "campo sociológico". Há uma incompatibilidade entre esses dois campos? A sociologia mostra as "verdades" e os meios de comunicação as "mentiras"?

P.B.: Você introduz uma dicotomia muito própria da visão jornalística, que, numa de suas características mais típicas, é deliberadamente *maniqueísta.* Sem dúvida, pode acontecer que os jornalistas produzam a verdade, e os sociólogos a mentira. Num campo há de tudo, por definição! Mas sem dúvida em proporções diferentes e com probabilidades diferentes... Dito isto, o primeiro trabalho do sociólogo consiste em despedaçar essa forma de colocar as questões. E eu escrevi diversas vezes em meu livro que os sociólogos podem fornecer aos jornalistas lúcidos e críticos — eles são muitos, mas não estão necessariamente nos postos de comando das televisões, das rádios e dos jornais — os instrumentos de conhecimento e de compreensão, eventualmente até de ação, que lhes permitiriam trabalhar com alguma eficácia para controlar as forças econômicas e sociais que pesam sobre eles próprios. Eu me esforço atualmente (especialmente através da revista *Liber*) para criar conexões internacionais entre os jornalistas e os pesquisadores, desenvolvendo forças de resistência contra as forças de opressão que se abatem sobre o jornalismo — e que o jornalismo rebate sobre toda a produção cultural e, a partir daí, sobre toda a sociedade.

A televisão é identificada a uma forma de opressão simbólica. Qual é a possibilidade democrática da televisão e da mídia?

P.B.: É enorme a defasagem entre a imagem que os responsáveis pela mídia têm e conferem a esta mídia e a verdade de sua ação e de sua influência. É evidente que a mídia é, no conjunto, um fator de despolitização, que age prioritariamente sobre as frações menos politizadas do público, mais sobre as mulheres que sobre os homens, mais sobre os menos educados que sobre os instruídos, mais sobre os pobres que sobre os ricos. Isso pode escandalizar, mas está perfeitamente comprovado pela análise estatística da probabilidade de formular uma resposta articulada a uma questão política ou de se abster (desenvolvo longamente as conseqüências deste fato, especialmente em matéria de política, em meu livro *Méditations pascaliennes*). A televisão (bem mais que os jornais) propõe uma visão do mundo cada vez mais despolitizada, asséptica, incolor, envolvendo cada vez mais os jornais nessa escorregada para a demagogia e para a submissão aos constrangimentos comerciais. O caso Lady Di é uma perfeita ilustração de tudo que eu disse no meu livro, uma espécie de giro pelos extremos. Tem-se tudo de uma só vez: o *fait divers* que diverte; o efeito "deu na televisão", ou seja, a defesa inofensiva de causas humanitárias vagas e ecumênicas e, sobretudo, perfeitamente apolíticas. Por ocasião desse episódio que se seguiu à festa papal da juventude em Paris e logo antes da morte de Madre Teresa, os últimos pregos acabaram se soltando. (Madre Teresa não era tampouco, ao que eu saiba, uma progressista em matéria de aborto ou de liberação das mulheres, ajustando-se perfeitamente a este mundo governado por banqueiros sem alma, que não vêem nenhum obstáculo a que piedosos defensores do humanitário venham cuidar das chagas, inevitáveis aos olhos deles, que eles mesmos contribuíram para abrir.) É por isso que pudemos ver uma manchete *quinze dias depois do acidente*, na primeira página do *Le Monde*, sobre as investigações do caso Lady Di, enquanto nos telejornais os massacres na Argélia e o conflito árabe-israelense eram relegados a poucos minutos no fim do programa. Aliás, você me dizia agora mesmo: "Aos jornalistas a mentira, aos sociólogos a verdade." Mas, como sociólogo que conhece suficientemente bem a Argélia, tenho uma imensa admiração pelo jornal francês *La Croix*, que acaba de publicar um dossiê extremamente preciso, rigoroso e corajoso sobre os verdadeiros responsáveis pelos massacres na Argélia. A pergunta que me faço — e para a qual até o momento a resposta é negativa — é saber se os outros jornais, e em particular os que têm uma grande pretensão de serem sérios, retomarão essas análises...

Retomando a célebre dicotomia proposta por Umberto Eco nos anos 60, pode-se dizer que o senhor é um "apocalíptico" contra os "integrados"?

P.B.: Pode-se dizer que sim. Há muitos "integrados", efetivamente. E a força da nova ordem dominante é que ela soube encontrar os meios específicos de "integrar" — em certos casos, pode-se dizer de comprar, em outros, de seduzir — um número cada vez maior de intelectuais, e isso no mundo inteiro. Esses "integrados" continuam freqüentemente a se imaginarem como críticos (ou, simplesmente, de esquerda), segundo o modelo antigo. Isso contribui para dar uma grande eficácia simbólica à sua ação em favor da ordem estabelecida.

Qual a sua opinião sobre o papel da mídia no caso Lady Di? Ela confirma sua hipótese sobre o funcionamento da mídia?

P.B.: É uma ilustração perfeita, quase inesperada, para o pior, do que eu anunciava. As famílias reais de Mônaco, da Inglaterra e de outras partes do mundo serão conservadas como um tipo de reservatório inesgotável de temas de seriados *soap operas*) e telenovelas. De qualquer forma, é claro que o grande *happening* promovido pela morte de Lady Di se inscreve perfeitamente na série de espetáculos que fazem as delícias da pequena burguesia da Inglaterra e de outros lugares, grandes comédias musicais do tipo *Evita* ou *Jesus*

Christ Superstar, nascidas do casamento do melodrama com os efeitos especiais de alta tecnologia, folhetins televisivos lacrimogêneos, filmes sentimentais, romances baratos de grandes tiragens, música popular um pouco vulgar, diversões ditas familiares, ou seja, toda essa enxurrada de produtos da indústria cultural transmitidos todo o dia pelas televisões e rádios conformistas e cínicas que aliam o moralismo lacrimejante das diversas Igrejas ao conservadorismo estético do entretenimento burguês.

Como vê o papel da mídia nos países do Terceiro Mundo?
P.B.: Não trabalhei diretamente com esses problemas. Mas receio, a partir do que conheço, o efeito demagógico e despolitizante da mídia sobre os mais desprovidos economicamente e acima de tudo culturalmente. Ela fatalmente estimula uma ação conservadora, de desmobilização dos movimentos críticos (explorando sobretudo as paixões populares mais fáceis, desde o futebol, para os homens, até os filmes sentimentais, para as mulheres). Se acrescentarmos a isso a evolução paralela do cinema e da edição de livros, cada vez mais concentrada e submetida às exigências do mercado, pode-se temer que a democracia e a cultura, tais como a conhecemos, corram grande risco. A menos que o sistema de educação — ele próprio em risco em diversos países devido à sua expansão — consiga produzir pessoas capazes de resistir ou, ao menos, de se apoderar das armas produzidas pelos produtores culturais, escritores, artistas e acadêmicos ainda aptos a resistir às forças comerciais, ou

seja, dispostos a produzir obras que não sejam ditadas pelas exigências do mercado (como os filmes nos quais o final é escolhido pela consulta a um grupo de espectadores convidados, entre duas ou três soluções possíveis...), e também consiga fazê-los ler, olhar, inventando circuitos de distribuição independentes.

O jornalismo, na era da TV mais do que nunca, seria o chamado quarto poder?

P.B.: A imprensa, o jornalismo escrito, tem uma posição estratégica. Ela pode oscilar para o lado das forças do mercado e da televisão (como é o caso da França, pelo menos), se submetendo a seus temas, seus personagens, seu estilo etc. Mas a imprensa pode também, em vez de servir como repetidora da televisão, trabalhar para difundir armas de defesa. Costumo dizer que uma das funções da sociologia é ensinar uma espécie de judô simbólico contra as formas modernas de opressão simbólica. A imprensa escrita deveria estar na linha de frente neste combate contra a descerebração. E se me dirijo a jornalistas, não é, como se vê, para denunciá-los, condená-los, culpá-los, mas, ao contrário, para convocá-los para um combate comum, chegando assim à definição ideal de sua profissão, como condição indispensável do exercício da democracia. Não basta produzir jornais *underground*, sempre ameaçados de permanecerem confidenciais. É preciso que as pesquisas de vanguarda sejam ecoadas pelos jornalistas inseridos nos órgãos de grande difusão, capazes de transmitir e defender, mesmo à custa de lutas e desentendimentos, as mensagens mais audaciosas e anticonformistas, em todos os domínios.

Qual o papel dos intelectuais no mundo dos meios de comunicação de massa?

P.B.: Não é certo que eles possam desempenhar o grande papel positivo, o do profeta inspirado, que eles têm tendência a se atribuir volta e meia nos períodos de euforia. Já não seria mau se eles soubessem se abster de entrar em cumplicidade ou mesmo colaborar com as forças que ameaçam destruir as próprias bases de sua existência e de sua liberdade, ou seja, as forças do mercado. Foram necessários muitos séculos, como mostrei em meu livro *As regras da arte*, para que os juristas, artistas, escritores e sábios conquistassem sua autonomia em relação aos poderes políticos, religiosos e econômicos, passando a impor suas próprias normas, seus valores específicos de verdade, sobretudo em seu próprio universo, seu microcosmo, e, às vezes, com um sucesso variável, no mundo social (como Zola no caso Dreyfus e Sartre na Guerra da Argélia etc.). Essas conquistas da liberdade estão ameaçadas em toda parte, e não somente por coronéis, ditadores e máfias, mas por forças mais insidiosas e viciosas, as do mercado, agora transfiguradas, reencarnadas em figuras capazes de seduzir uns e outros: para alguns, essa figura será a do economista armado de formalismo matemático, que descreve a evolução da economia "mundializada" como um destino; para outros, a figura do astro internacional do rock, do pop, do rap, portadora de um estilo de vida ao mesmo tempo chique e fácil (pela primeira vez na história, as seduções do esnobismo estão ligadas às práticas e aos produtos típicos do consumo de massa, como os jeans, a camiseta e a Coca-Cola); para outros, ainda, um "radicalismo de campus", batizado como pós-moderno, e perfeito para seduzir pela celebração falsamente revolucionária da mestiçagem de culturas etc. etc. Se existe um domínio em que é realidade a famosa "mundialização", que todos os intelectuais "integrados" enchem a boca ao mencionar, é o da produção cultural de massa, na televisão (refiro-me particularmente às telenovelas, nas quais a América Latina se especializou e que difundem uma visão "ladydiesca" do mundo), no cinema e na imprensa para o "grande público", ou então, coisa muitíssimo mais grave, no "pensamento social" para jornais e revistas, com temas ou expressões de circulação planetária como "o fim da história", "o pós-modernismo" ou... a "globalização".

NOTAS

1. "Pálido escritor": trata-se de Daniel Rondeau. "Cantor popular": Johnny Halliday.

2. Sobre essas cumplicidades, ver. S. Halimi, *Les nouveaux chiens de garde*, Paris, Liber-Raisons d'agir, 1997.

3. Pode-se consultar, por exemplo, as excelentes análises apresentadas na obra de A. Accardo, G. Abou, G. Balbastre, D. Marine, *Journalistes au quotidien. Outils pour une socioanalyses des pratiques journalistiques*, Bordeaux, Le Mascaret, 1995.

Esses "responsáveis" que nos declaram irresponsáveis[*]

Estamos fartos das tergiversações e adiamentos de todos esses "responsáveis" eleitos por nós, que nos declaram "irresponsáveis" quando lembramos a eles as promessas que nos fizeram. Estamos fartos do racismo de Estado que eles autorizam. Hoje mesmo, um de meus amigos, francês de origem argelina, me contou um episódio ocorrido com sua filha. Ao fazer a sua reinscrição na faculdade, uma funcionária da universidade lhe pediu, da maneira mais natural do mundo, que apresentasse seus documentos, seu passaporte, ao ver o seu nome de sonoridade árabe. Para acabar uma vez por todas com esses constrangimentos e humilhações, impensáveis há alguns anos, é preciso marcar uma ruptura clara com uma legislação hipócrita que é apenas uma imensa concessão à xenofobia da Frente Nacional. Revogar as leis Pasqua e Debré, evidentemente, mas sobretudo acabar com todas as declarações hipócritas de todos os

* Texto publicado em *Les Inrockuptibles*, em 8 de outubro de 1997, a propósito dos projetos de leis Guigou e Chevènement sobre a nacionalidade francesa e sobre a entrada e a permanência dos estrangeiros na França.

políticos que, num momento em que são revistos os comprometimentos da burocracia francesa no extermínio dos judeus, autorizam praticamente todos aqueles que, na burocracia, podem expressar suas pulsões mais estupidamente xenófobas, como a funcionária da universidade mencionada acima. De nada serve empenhar-se em grandes discussões jurídicas sobre os méritos comparativos desta ou daquela lei. Trata-se de abolir pura e simplesmente uma lei que, por sua própria existência, legitima as práticas discriminatórias dos funcionários, pequenos ou grandes, contribuindo para lançar uma suspeição global sobre os estrangeiros — e evidentemente não sobre quaisquer deles. O que é um cidadão que tem de provar, a cada instante, a sua cidadania? (Muitos pais franceses de origem argelina se perguntam que prenome dar aos seus filhos, para lhes evitar depois esses aborrecimentos. E a funcionária que importunava a filha do meu amigo se espantava porque ela se chamava Mélanie...).

Digo que uma lei é racista se autoriza um funcionário qualquer a questionar a cidadania de um cidadão só por olhar o seu rosto ou o seu nome de família, como acontece hoje, mil vezes por dia. É lamentável que não haja, no governo altamente civilizado que nos foi oferecido pelo sr. Jospin, um único portador de um desses estigmas designados ao arbítrio irrepreensível dos funcionários do Estado francês, um rosto negro ou um nome de sonoridade árabe, para lembrar ao sr. Chevènement a distinção entre o direito e os costumes, e que há disposições jurídicas que autorizam os piores costumes. Deixo tudo isso para a reflexão daqueles que, silenciosos ou indiferentes hoje, virão daqui a trinta anos expressar o seu "arrependimento",[1] num tempo em que os jovens franceses de origem argelina se chamarão Kelkal.[2]

Paris, outubro de 1997

NOTA

1. "Arrependimento": os bispos franceses exprimiram coletivamente seu "arrependimento" a propósito da atitude do episcopado durante a ocupação alemã. (N.E.)

2. Kelkal é o nome do jovem argelino, membro de um rede terrorista, que foi moto pela polícia. (N.E.)

A precariedade está hoje por toda a parte[*]

O trabalho coletivo de reflexão que se fez aqui durante dois dias é bastante original, porque reuniu pessoas que não têm oportunidade de se encontrar e se confrontar, responsáveis administrativos e políticos, sindicalistas, pesquisadores em economia e em sociologia, trabalhadores, muitas vezes temporários, e desempregados. Gostaria de citar alguns dos problemas que foram discutidos. O primeiro, que é excluído tacitamente das reuniões eruditas: o que resulta afinal de todos esses debates, ou, mais cruamente, de que servem todas essas discussões intelectuais? Paradoxalmente, são os pesquisadores que se preocupam mais com essa questão, ou aqueles a quem essa questão mais preocupa (penso sobretudo nos economistas aqui presentes, logo, pouco representativos de uma profisssão na qual são muito raros os que se preocupam com a realidade social, ou mesmo com realidade propriamente dita), e que se fazem diretamente essa

* Intervenção nos Encontros Europeus contra a Precariedade, Grenoble, 12-13 de dezembro de 1997.

pergunta (e sem dúvida é muito bom que seja assim). Ao mesmo tempo brutal e ingênua, ela lembra aos pesquisadores suas responsabilidades, que podem ser muito grandes, ao menos quando, por seu silêncio ou cumplicidade ativa, eles contribuem para a manutenção da ordem simbólica que é a condição do funcionamento da ordem econômica.

Constata-se claramente que a precariedade está hoje por toda a parte. No setor privado, mas também no setor público, onde se multiplicaram as posições temporárias e interinas, nas empresas industriais e também nas instituições de produção e difusão cultural, educação, jornalismo, meios de comunicação etc., onde ela produz efeitos sempre mais ou menos idênticos, que se tornam particularmente visíveis no caso extremo dos desempregados: a desestruturação da existência, privada, entre outras coisas, de suas estruturas temporais, e a degradação de toda a relação com o mundo e, como conseqüência, com o tempo e o espaço. A precariedade afeta profundamente qualquer homem ou mulher exposto a seus efeitos; tornando o futuro incerto, ela impede qualquer antecipação racional e, especialmente, esse mínimo de crença e de esperança no futuro que é preciso ter para se revoltar, sobretudo coletivamente, contra o presente, mesmo o mais intolerável.

A esses efeitos da precariedade sobre aqueles por ela afetados diretamente se acrescentam os efeitos sobre todos os outros que, aparentemente, ela poupa. Ela nunca se deixa esquecer; está presente, em todos os momentos, em todos os cérebros (exceto certamente nos dos economistas liberais, talvez porque, como observava um de seus adversários teóricos, eles se beneficiam dessa espécie de protecionismo representado pela *estabilidade*, pela posição de titular, que os livra da insegurança...). Ela atormenta as consciências e os inconscientes. A existência de um importante exército de reserva, que não se acha mais apenas, devido à superprodução de diplomas, nos níveis mais baixos de competência e de qualificação técnica, contribui para dar a cada trabalhador a impressão de que ele não é insubstituível e que o seu trabalho, seu emprego, é de certa forma um privilégio, e um privilégio frágil e ameaçado (é aliás o que lembram a ele, ao primeiro deslize, seus empregadores, e, à primeira greve, os jornalistas e comentaristas de todo gênero). A insegurança objetiva funda uma insegurança subjetiva generalizada, que afeta hoje, no cerne de uma economia altamente desenvolvida, o conjunto dos trabalhadores e até aqueles que não estão ou ainda não foram diretamente atingidos. Essa espécie de "mentalidade coletiva" (emprego essa expressão, embora não goste muito dela, para me fazer compreender), comum a toda a época, está no princípio da desmoralização e da desmobilização que se podem observar (como fiz nos anos 60, na Argélia) em países subdesenvolvidos, afligidos por taxas de desemprego ou de subemprego muito elevadas e habitados permanentemente pela obsessão do desemprego.

Os desempregados e os trabalhadores destituídos de estabilidade não são passíveis de mobilização, pelo fato de terem sido atingidos em sua capacidade de se projetar no futuro, a condição indispensável de todas as condutas ditas racionais, a começar pelo cálculo econômico, ou, em uma ordem completamente diferente, pela organização política. Paradoxalmente, como mostrei em *Travail et travailleurs en Algérie*,[1] meu livro mais antigo e talvez o mais atual, para conceber um projeto revolucionário, isto é, uma ambição raciocinada de transformar o presente por referência a um futuro projetado, é preciso ter um mínimo de domínio sobre o presente. O proletário, ao contrário do subproletário, tem esse mínimo de garantias presente, de segurança, que é necessário para conceber a ambição de mudar o presente em função do futuro esperado. Mas, diga-se de passagem, ele é também alguém que ainda tem algo a defender, algo a perder, o seu emprego, mesmo sendo exaustivo e mal pago, e muitas de suas condutas, às vezes descritas como excessivamente prudentes ou mesmo conservadoras, se explicam em função do temor de cair ainda mais, de recair no subproletariado.

Quando o desemprego, como hoje em muitos países europeus, atinge taxas muito elevadas e a precariedade afeta uma parte muito importante da população, operários, empregados no comércio e na indútria, mas também jornalistas, professores, estudantes, o trabalho se torna uma coisa rara, desejável a qualquer preço, submetendo os trabalhadores aos empregadores e estes, como se pode ver todos os dias, usam e abusam do poder que assim lhes é dado. A concorrência pelo trabalho é acompanhada de uma concorrência no trabalho, que é ainda uma forma de concorrência pelo trabalho, que é preciso conservar, custe o que custar, contra a chantagem da demissão. Essa concorrência, às vezes tão selvagem quanto a praticada pelas empresas, está na raiz de uma verdadeira luta de todos contra todos, destruidora de todos os valores de solidariedade e de humanidade, e, às vezes, de uma violência sem rodeios. Aqueles que deploram o cinismo que caracteriza, segundo eles, os homens e as mulheres do nosso tempo, não deveriam deixar de atribuí-lo às condições econômicas e sociais que o favorecem ou mesmo exigem, e que ainda o recompensam.

Assim, a precariedade atua diretamente sobre aqueles que ela afeta (e que ela impede, efetivamente, de serem mobilizados) e indiretamente sobre todos os outros, pelo temor que ela suscita e que é metodicamente explorado pelas estratégias de *precarização*, como a introdução da famosa "flexibilidade" — que, como vimos, é inspirada tanto por razões econômicas quanto políticas. Começa-se assim a suspeitar de que a precariedade é o produto de uma *vontade política*, e não de uma *fatalidade econômica*, identificada com a famosa "mundialização". A empresa "flexível" explora, de certa forma deliberadamente, uma situação de insegurança que ela contribui para reforçar: ela procura baixar os custos, mas também tornar possível essa baixa, pondo o trabalhador em risco permanente de perder o seu trabalho. Todo o universo da produção, material e cultural, pública e privada, é assim arrebatado num vasto processo de precarização, inclusive com a *desterritorialização da empresa*: ligada até então a um Estado-nação ou a um lugar (Detroit ou Turim, para a indústria automobilística), esta tende cada vez mais a dissociar-se dele, com o que se chama de "empresa-rede", que se articula na escala de um continente ou do planeta inteiro, conectando segmentos de produção, conhecimentos tecnológicos, redes de comunicação, percursos de formação dispersos entre lugares muito afastados.

Facilitando ou organizando a mobilidade do capital, e o "deslocamento" para os países com salários mais baixos, onde o custo do trabalho é reduzido, favoreceu-se a extensão da concorrência entre os trabalhadores em escala mundial. A empresa nacional (ou até nacionalizada), cujo território de concorrência estava ligado, mais ou menos estritamente, ao território nacional, e que saía para conquistar mercados no estrangeiro, cedeu lugar à empresa multinacional, que põe os trabalhadores em concorrência, não mais apenas com os seus compatriotas, ou mesmo, como querem nos fazer crer os demagogos, com os estrangeiros implantados no território nacional, que, evidentemente, são de fato as primeiras vítimas da precarização, mas com trabalhadores do outro lado do mundo, que são obrigados a aceitar salários de miséria.

A precariedade se inscreve num *modo de dominação* de tipo novo, fundado na instituição de uma situação generalizada e permanente de insegurança, visando obrigar os trabalhadores à submissão, à aceitação da exploração. Apesar de seus efeitos se assemelharem muito pouco ao capitalismo selvagem das origens, esse modo de dominação é absolutamente sem precedentes, motivando alguém a propor aqui o conceito ao mesmo tempo muito pertinente e muito expressivo de *flexploração*. Essa palavra evoca bem essa gestão racional da insegurança, que, instaurando, sobretudo através da manipulação orquestrada do espaço da produção, a concorrência entre os trabalhadores dos países com conquistas sociais mais importantes, com resistências sindicais mais bem organizadas — caracteristicas ligadas a um território e a uma história nacionais — e os trabalhadores dos países menos avançados socialmente, acaba por quebrar as resistências e obtém a obediência e a submissão, por mecanismos aparentemente naturais, que são por si mesmos sua própria justificação. Essas disposições submetidas produzidas pela precariedade são a condição de uma exploração cada vez mais "bem-sucedida", fundada na divisão entre aqueles que, cada vez mais numerosos, não trabalham e aqueles que, cada vez menos numerosos, trabalham, mas trabalham cada vez mais. Parece-me, portanto, que o que é apresentado como um regime econômico regido pelas leis inflexíveis de uma espécie de natureza social é, na realidade, um *regime político* que só pode se instaurar com a cumplicidade ativa ou passiva dos poderes propriamente políticos.

Contra esse regime político, a luta política é possível. Ela pode ter como fim, primeiramente, assim como a ação caritativa ou caritativo-militante, encorajar as vítimas da exploração, todos os possuidores atuais e potenciais de empregos precários, a trabalhar em comum contra os efeitos destruidores da precariedade (ajudando-os a viver, a "agüentar" e a comportar-se, a salvar sua dignidade, a resistir à desestruturação, à degradação da auto-imagem, à alienação), e principalmente a mobilizar-se, *em escala internacional*, isto é, no mesmo nível em que se exercem os efeitos da política de precarização, para combater essa mesma política e neutralizar a concorrência que ela visa instaurar entre os trabalhadores dos diferentes países. Mas ela também pode tentar desvencilhar os trabalhadores da lógica das antigas lutas que, fundadas na reivindicação do trabalho ou de uma melhor remuneração do trabalho, os restringem ao trabalho e à exploração (ou à *flexploração*) que ele autoriza. Tal ocorre por uma redistribuição do trabalho (através de uma forte redução da carga semanal de trabalho em escala européia), redistribuição inseparável de uma redefinição da distribuição entre o tempo da produção e o tempo da reprodução, o repouso e o lazer.

Revolução que deveria começar pelo abandono da visão estreitamente calculista e individualista que reduz os agentes a calculadores ocupados em resolver problemas, problemas estritamente econômicos, no sentido mais limitado do termo. Para que o sistema econômico funcione, é preciso que os trabalhadores lhe forneçam suas próprias condições de produção e de reprodução, mas também as condições de funcionamento do próprio sistema econômico, a começar por sua crença na empresa, no trabalho, na necessidade do trabalho etc. São coisas que os economistas ortodoxos excluem *a priori* da sua contabilidade abstrata e mutilada, atribuindo tacitamente a responsabilidade da produção e da reprodução de todas as condições econômicas e sociais ocultas do funcionamento da economia, tal como eles a conhecem, aos indivíduos, ou — paradoxo — ao Estado, cuja destruição eles pregam, aliás.

Grenoble, dezembro de 1997

NOTA

1. P. Bourdieu, *Travail et travailleurs en Algérie*, Paris-Haia, Mouton, 1963 (com A. Darbel, J.-P. Rivet, C. Seibel); *Algérie 60. Structures économiques et structures temporelles*, Paris, Minuit, 1977.

O movimento dos desempregados, um milagre social[*]

O movimento dos desempregados é um acontecimento único, extraordinário. Ao contrário do que nos repetem sem cessar os jornais escritos e falados, essa *exceção francesa* é algo de que podemos nos orgulhar. Todos os estudos científicos mostraram efetivamente que o desemprego destrói aqueles que atinge, suprime suas defesas e suas disposições subversivas. Se essa espécie de fatalidade pôde ser frustada, foi graças ao trabalho incansável de indivíduos e associações que estimularam, sustentaram, organizaram o movimento. E não posso deixar de achar extraordinário que responsáveis políticos de esquerda e sindicalistas denunciem a manipulação (evocando o discurso patronal das origens contra os sindicatos nascentes), quando deveriam reconhecer as virtudes do trabalho militante, sem o qual, como sabemos, nunca teria havido nada semelhante a um movimento social. Quanto a mim, quero expressar minha admiração e minha gratidão — ainda mais intensas considerando que sua em-

* Intervenção, feita em 17 de janeiro de 1998, quando da ocupação da École Normale Supérieure pelos desempregados.

preitada me pareceu muitas vezes desesperada — a todos aqueles que, nos sindicatos e nas associações reunidos no seio dos Estados gerais para o movimento social, tornaram possível o que constitui realmente um *milagre social*, cujas virtudes e benefícios não terminaremos tão cedo de descobrir.

A primeira conquista desse movimento é o movimento em si, a sua própria existência: ele arranca os desempregados, e com eles todos os trabalhadores precários, cujo número cresce dia a dia, da invisibilidade, do isolamento, do silêncio, em suma da inexistência. Reaparecendo em plena luz, os desempregados reconduzem à existência e a um certo orgulho todos os homens e mulheres que, como eles, o não-emprego condena habitualmente ao esquecimento e à vergonha. Mas eles lembram sobretudo que um dos fundamentos da ordem econômica e social é o desemprego em massa e a ameaça que ele faz pesar sobre todos os que ainda dispõem de um trabalho. Longe de se fecharem num movimento egoísta, eles dizem que, embora haja certamente vários tipos de desempregado, as diferenças entre os RMIstas e os desempregados com seguro — desemprego perto do fim ou dependentes de outros rendimentos previdenciários — não são radicalmente diferentes daquelas que separam os desempregados de todos os trabalhadores precários. Realidade fundamental, que nos arriscamos a esquecer ou a fazer esquecer, enfatizando exclusivamente as reivindicações "por categoria" (se assim podemos dizer!) dos desempregados, tendentes a separá-los dos trabalhadores, e em particular dos mais instáveis entre eles, que podem se sentir esquecidos.

Além disso, o desemprego e o desempregado obcecam o trabalho e o trabalhador. Temporários, substitutos, supletivos, intermitentes, detentores de contratos de duração determinada, interinos na indústria, no comércio, na educação, no teatro ou no cinema, mesmo que imensas diferenças possam separá-los dos desempregados e também entre si, todos eles vivem com medo do desemprego, e, muitas vezes, sob a ameaça da chantagem exercida sobre eles pelo desemprego. A precariedade torna possíveis novas estratégias de dominação e exploração, fundadas na chantagem da dispensa, que se exerce hoje sobre toda a hierarquia, nas empresas privadas e mesmo públicas, e que impõe sobre o conjunto do mundo do trabalho, e especialmente nas empresas de produção cultural, uma censura esmagadora, impedindo a mobilização e a reivindicação. A degradação generalizada das condições de trabalho se torna possível ou até mesmo favorecida pelo desemprego, e é porque sabem confusamente disso que tantos franceses se sentem e se dizem solidários a uma luta como a dos desempregados. É por isso que se pode dizer, sem jogar com as palavras, que a mobilização daqueles cuja existência constitui certamente o fator principal da desmobilização é o mais extraordinário estímulo à mobilização, à ruptura com o fatalismo político.

O movimento dos desempregados franceses constitui também um apelo a todos os desempregados e trabalhadores precários de toda a Europa: surgiu uma idéia subversiva nova, e ela pode se tornar um instrumento de luta, do qual cada movimento nacional pode se apoderar. Os desempregados lembram a todos os trabalhadores que estes estão no mesmo barco que os desempregados; que os desempregados, cuja existência pesa tanto sobre eles e sobre suas condições de trabalho, são o produto de uma política; que uma mobilização capaz de atravessar as fronteiras que separam, no seio de cada país, os trabalhadores e os não-trabalhadores, e por outro lado as que separam o conjunto dos trabalhadores e dos não-trabalhadores, de um mesmo país, dos trabalhadores e dos não-trabalhadores dos outros países, poderia enfrentar a política que faz com que os não-trabalhadores possam condenar ao silêncio e à resignação aqueles que têm o duvidoso "privilégio" de ter um trabalho mais ou menos precário.

Paris, janeiro de 1998

O intelectual negativo[*]

Todos aqueles que estiveram a postos, dia após dia, durante anos, para receber os refugiados argelinos, escutá-los, ajudá-los a redigir *curriculum vitae* e enviar solicitações aos ministérios, acompanhá-los aos tribunais, escrever cartas às instâncias administrativas, juntar-se a eles em delegações junto às autoridades responsáveis, solicitar vistos, autorizações, carteiras de residência, que se mobilizaram, desde junho de 1993, desde os primeiros assassinatos, não só para levar o socorro e a proteção possíveis, mas também para tentar informar-se e informar, compreender e fazer compreender uma realidade complexa, e que lutaram incansavelmente por meio de intervenções públicas, entrevistas coletivas, artigos nos jornais, para desvincular a crise argelina das análises unilaterais, todos esses intelectuais de todos os países que se uniram para combater a indiferença ou a xenofobia, para lembrar o respeito pela complexidade do mundo desfazendo as confusões, deliberadamente mantidas

---

* Este texto, escrito em janeiro de 1998, permaneceu inédito.

por alguns, descobriram subitamente que todos os seus esforços podiam ser destruídos, aniquilados em dois tempos e com três movimentos.

Dois artigos escritos ao fim de uma viagem sob escolta, programada, balizada, vigiada pelas autoridades ou pelo exército argelino, que serão publicados no maior diário francês,[1] embora recheados de lugares-comuns e erros, e inteiramente orientados para uma conclusão simplista, feita para dar satisfação à comoção superficial e ao ódio racista, disfarçado de indignação humanista. Um comício unanimista reunindo a nata da intelligentsia da mídia e dos políticos, indo do liberal integrista ao ecologista oportunista, passando pela passionária dos "erradicadores". Um programa de televisão totalmente unilateral, sob a aparência de neutralidade. E o resultado está aí. Voltou-se à estaca zero. O intelectual negativo cumpriu sua missão: quem dirá que é solidário dos estripadores, dos estupradores e dos assassinos — principalmente quando se trata de gente que é chamada, sem outra consideração histórica, de "loucos do islã", envolvidos sob o rótulo infame de islamismo, resumo de todos os fanatismos orientais, feito para dar ao desprezo racista o álibi indiscutível da legitimidade ética e leiga?

Para situar o problema em termos tão caricaturais, não é preciso ser um grande intelectual. Mas é o que faz o responsável por essa operação de baixa polícia simbólica — antítese absoluta de tudo o que define o intelectual, a liberdade em relação aos poderes, a crítica das idéias prontas, a demolição das alternativas simplistas, a restauração da complexidade dos problemas — ser consagrado pelos jornalistas como intelectual de pleno direito.

Entretanto, conheço todo tipo de pessoas que, embora saibam perfeitamente de tudo isso por terem se chocado mil vezes com essas forças, recomeçarão, cada um no seu ambiente e com seus meios, a executar ações sempre ameaçadas de serem destruídas por um relatório distraído, leviano ou maldoso, ou de serem apropriadas, em caso de sucesso, por oportunistas e convertidos de última hora, que teimarão em escrever explicações, refutações ou desmentidos, destinados a serem encobertos pelo fluxo ininterrupto da tagarelice na mídia, convencidos de que, como mostrou o movimento dos desempregados, culminância de um trabalho obscuro e às vezes tão desesperado que se assemelhava a uma espécie de arte pela arte da política, pode-se, com o tempo, fazer avançar um pouco, e sem recuo, a pedra de Sísifo.

Porque, durante esse tempo, "responsáveis" políticos, hábeis em neutralizar os movimentos sociais que contribuíram para levá-los ao poder, continuam a deixar milhares de "sem-documentos" à espera ou a expulsá-los sem maiores cuidados para o país de onde fugiram, e que pode ser a Argélia.

Paris, janeiro de 1998

NOTA

1. Trata-se de dois artigos de Bernard-Henri Lévy, publicados no *Le Monde.* (N.E.)

O neoliberalismo, utopia (em vias de realização) de uma exploração sem limites

O mundo econômico seria de fato, como quer o discurso dominante, uma ordem pura e perfeita, desdobrando implacavelmente a lógica de suas conseqüências previsíveis e pronto a reprimir todos os erros pelas sanções que ele inflige seja de maneira automática, seja, mais excepcionalmente, através de seu braço armado, o FMI ou a OCDE, e das políticas drásticas que eles impõem, redução do custo da mão-de-obra, corte das despesas públicas e flexibilização do trabalho? E se ele fosse apenas, na realidade, a prática de uma utopia, o neoliberalismo, assim convertida em *programa político*, mas uma utopia que, com a ajuda da teoria econômica a que ela se filia, consegue se pensar como a descrição científica do real?

Essa teoria tutelar é uma pura ficção matemática, fundada, desde a origem, numa formidável abstração (que não se reduz, como querem fazer crer os economistas que defendem o direito à abstração inevitável, ao efeito, constitutivo de todo projeto científico, da construção de objeto como apreensão deliberadamente seletiva do real): aquela que, em nome de uma concepção tão estreita quanto estrita da racionalidade identificada com a racionalidade individual, consiste em pôr entre parênteses as condições econômicas e sociais das disposições racionais (e em particular da disposição calculadora aplicada às coisas econômicas, que está na base da visão neoliberal) e das estruturas econômicas e sociais, que são a condição de seu exercício, ou, mais precisamente, da produção e da reprodução dessas disposições e dessas estruturas. Basta pensar apenas, para dar a medida da omissão, no sistema de ensino, que nunca é levado em conta *enquanto tal*, numa época em que ele tem um papel determinante tanto na produção dos bens e dos serviços quanto na produção dos produtores. Dessa espécie de pecado original, inscrita no mito walrasiano da "teoria pura", decorrem todos os erros e todas as falhas da disciplina econômica, e a obstinação fatal com a qual ela se apega à oposição arbitrária que faz existir apenas com a sua própria existência, entre a lógica propriamente econômica, fundada na concorrência e portadora de eficiência, e a lógica social, submetida à regra da eqüidade.

Dito isso, essa "teoria" originariamente dessocializada e des-historicizada tem, hoje mais do que nunca, os meios de *tornar-se verdadeira*, empiricamente verificável. Efetivamente, o discurso neoliberal não é um discurso como os outros. À maneira do discurso psiquiátrico no asilo, segundo Erving Goffman, é um "discurso forte", que só é tão forte e tão difícil de combater porque tem a favor de si todas as forças de um mundo de relações de força, que ele contribui para fazer tal como é, sobretudo orientando as escolhas econômicas daqueles que dominam as relações econômicas e acrescentando assim a sua força própria, propriamente simbólica, a essas relações de força.[1] Em nome desse programa científico de conhecimento convertido em programa político de ação, cumpre-se um imenso *trabalho político* (renegado, pois aparentemente puramente negativo) que visa criar as condições de realização e de funcionamento da "teoria"; um *programa de destruição metódica dos coletivos* (a economia neoclássica querendo lidar apenas com indivíduos, mesmo quando se trata de empresas, sindicatos ou famílias).

O movimento, que se tornou possível pela política de desregulamentação financeira, em direção à utopia neoliberal de um mercado puro e perfeito se realiza através da ação transformadora e, devemos dizer, *destruidora* de todas as medidas políticas (das quais a mais recente é o AMI, Acordo Multilateral sobre o Investimento, destinado a proteger contra os Estados nacionais as empresas estrangeiras e seus investimentos) colocando *em risco todas as estruturas coletivas* capazes de resistirem à lógica do mercado puro: *nação*, cujo espaço de manobra não pára de diminuir; *grupos de trabalho*, com, por exemplo, a individualização dos salários e das carreiras, em função das competências individuais e a resultante atomização dos trabalhadores; *coletivos de defesa* dos direitos dos trabalhadores, sindicatos, associações, cooperativas; até a *família*, que, através da constituição de mercados por classes de idade, perde uma parte do seu controle sobre o consumo. O programa neoliberal extrai sua força social da força político-econômica daqueles cujos interesses ele exprime — acionistas, operadores financeiros, industriais, políticos conservadores ou social-democratas convertidos às desistências apaziguadoras do *laisser-faire*, altos funcionários das finanças, tanto mais obstinados em impor uma política pregando sua própria extinção porque, ao contrário dos executivos das empresas, eles não correm nenhum risco de pagar eventualmente por suas conseqüências. O programa neoliberal tende assim a favorecer globalmente a ruptura entre a economia e as realidades sociais, e a construir desse mundo, na realidade, um sistema econômico ajustado à descrição teórica, isto é, uma espécie de máquina lógica, que se apresenta como uma cadeia de constrangimentos enredando os agentes econômicos.

A mundialização dos mercados financeiros, junto com o progresso das técnicas de informação, garante uma mobilidade sem precedentes dos capitais e oferece aos investidores (ou acionistas) zelosos de seus interesses imediatos, ou melhor, da rentabilidade a curto prazo de seus investimentos, a possibilidade de comparar a todo momento a rentabilidade das maiores empresas e de sancionar, conseqüentemente, os fracassos pontuais. As próprias empresas, defrontando-se com tal ameaça permanente, devem se ajustar de modo cada vez mais rápido às exigências dos mercados; e devem fazê-lo sob pena de "perder, como se diz, a confiança dos mercados", e com isso o apoio dos acionistas. Esses últimos, preocupados em obter uma rentabilidade a curto prazo, são cada vez mais capazes de impor sua vontade aos *managers*, de fixar-lhes normas, através das diretorias financeiras, e de orientar suas políticas em matéria de contratação, emprego e salário. Assim se instaura o reino absoluto da flexibilidade, com os recrutamentos por intermédio de contratos de duração determinada ou as interinidades e os "planos sociais" de treinamento, e a instauração, no próprio seio da empresa, da concorrência entre filiais autônomas, entre equipes, obrigadas à polivalência, e, enfim, entre indivíduos, através da *individualização* da relação salarial: fixação de objetivos individuais; prática de entrevistas individuais de avaliação; altas individualizadas dos salários ou atribuição de promoções em função da competência e do mérito individuais; carreiras individualizadas; estratégias de "responsabilização" tendendo a garantir a auto-exploração de certos quadros que, sendo simples assalariados sob forte dependência hierárquica, são ao mesmo tempo considerados responsáveis por suas vendas, seus produtos, sua sucursal, sua loja etc., à maneira dos "por conta própria"; exigência do "auto-controle", que estende o "envolvimento" dos assalariados, segundo as técnicas do "*management* participativo", bem além das atribuições características dos gerentes; eis algumas técnicas de submissão racional que, ao exigir o sobreinvestimento no trabalho, e não apenas nos postos de responsabilidade, e o trabalho de urgência, concorrem para enfraquecer ou abolir as referências e as solidariedades coletivas.[2]

A instituição prática de um mundo darwiniano que encontra as molas da adesão na insegurança em relação à tarefa e à empresa, no sofrimento e no estresse,[3] não poderia certamente ter sucesso completo, caso não contasse com a cumplicidade de trabalhadores a braços com condições precárias de vida produzidas pela insegurança bem como pela existência — em todos os níveis da hierarquia, e até nos mais elevados, sobretudo entre os executivos — de um *exército de reserva de mão-de-obra docilizada pela precarização* e pela ameaça permanente do desemprego. O fundamento último de toda essa ordem econômica sob a chancela invocada da liberdade dos indivíduos é efetivamente a *violência estrutural* do desemprego, da precariedade e do medo inspirado pela ameaça da demissão: a condição do funcionamento "harmonioso" do modelo micro-econômico individualista e o princípio da "motivação" individual para o trabalho residem, em última análise, num fenômeno de massa, qual seja, a existência do exércido de reserva dos desempregados. Nem se trata a rigor de um exército, pois o desemprego isola, atomiza, individualiza, desmobiliza e rompe com a solidariedade.

Essa violência estrutural também pesa sobre o que se chama contrato de trabalho (habilmente racionalizado e desrealizado pela "teoria dos contratos"). O discurso empresarial nunca falou tanto de confiança, de cooperação, de lealdade e de cultura de empresa como nessa época em que se obtém a adesão de cada instante fazendo desaparecer todas as garantias temporais (três quartos das contratações são de duração determinada; a parcela dos empregos temporários não pára de crescer, a demissão individual tende a não estar mais submetida a nenhuma restrição). Aliás, tal adesão só pode ser incerta e ambígua, porque a precariedade, o medo da demissão e o "enxugamento" podem, como o desemprego, gerar a angústia, a desmoralização ou o conformismo (taras que a literatura empresarial constata e deplora). Nesse mundo sem inércia, sem princípio imanente de continuidade, os dominados estão na posição das criaturas num universo cartesiano: estão paralisados pela decisão arbitrária de um poder responsável pela "criação continuada" de sua existência — como prova e lembra a ameaça do fechamento da fábrica, do desinvestimento e do deslocamento.

A profunda sensação de insegurança e de incerteza sobre o futuro e sobre si próprio que atinge todos os trabalhadores assim precarizados deve sua coloração particular ao fato de que o princípio da divisão entre os que são relegados ao exército de reserva e aqueles que possuem trabalho parece residir na *competência escolarmente garantida*, que também explica o princípio das divisões, no seio da empresa "tecnicizada", entre os executivos ou os "técnicos" e os simples operários ou os operários especializados, os novos párias da ordem industrial. A generalização da eletrônica, da informática e das exigências de qualidade, que obriga todos os assalariados a novas aprendizagens e perpetua na empresa o equivalente das provas escolares, tende a redobrar a sensação de insegurança por meio de uma sensação, habilmente mantida pela hierarquia, de *indignidade*. A ordem profissional e, sucessivamente, toda a ordem social, parece fundada numa ordem das "competências", ou, pior, das "inteligências". Mais talvez do que as manipulações tecnocráticas das relações de trabalho e as estratégias especialmente armadas a fim de obter a submissão e a obediência, objeto de uma atenção incessante e de uma reinvenção permanente, mais do que o enorme investimento em pessoal, em tempo, em pesquisa e em trabalho, pressuposto pela invenção contínua de novas formas de gestão de mão-de-obra e de novas técnicas de comando, é a crença na hierarquia das competências escolarmente garantidas que funda a ordem e a disciplina na empresa privada e também, cada vez mais, na função pública: obrigados a pensar-se em relação à elite detentora dos títulos escolares mais cobiçados, destinada às tarefas de comando, e à pequena classe dos empregados e dos técnicos restritos às tarefas de execução e sempre em situação de risco, quer dizer, sempre obrigados a *provar que são bons*, os trabalhadores condenados à precariedade e à insegurança de um emprego instável e ameaçados de relegação na indignidade do desemprego só podem conceber uma imagem desencantada tanto de si mesmos, como indivíduos, quanto de seu grupo; outrora objeto de orgulho, enraizado em tradições e em toda uma herança técnica e política, o grupo operário, se é que existe ainda enquanto tal, está fadado à desmoralização, à desvalorização e à desilusão política, que se exprime na crise da militância ou, pior ainda, na adesão desesperada às teses do extremismo fascistóide.

Vê-se assim como a utopia neoliberal tende a se encarnar na realidade de uma espécie de máquina infernal, cuja necessidade se impõe aos próprios dominantes — às vezes atormentados, como George Soros, e este ou aquele presidente de fundos de pensão, pela preocupação com os efeitos destruidores do domínio que eles exercem, e levados a ações compensatórias inspiradas na própria lógica que querem neutralizar, como as generosidades à maneira de Bill Gates. Como o marxismo em outros tempos, com o qual, sob esse aspecto, ela tem muitos pontos comuns, essa utopia suscita uma crença formidável, a *Free trade faith*, não só entre aqueles que vivem materialmente dela, como os financistas, os patrões de grandes empresas etc., mas também entre os que tiram dela sua razão de viver, como os altos funcionários e os políticos que sacralizam o poder dos mercados em nome da eficiência econômica, que exigem a suspensão das barreiras administrativas ou políticas capazes de incomodar os detentores de capitais na busca puramente individual da maximização do lucro individual instituído como modelo de racionalidade, que querem bancos centrais independentes, que pregam a subordinação dos Estados nacionais às exigências da liberdade econômica para os donos da economia, com a supressão de todas as regulamentações sobre todos os mercados, a começar pelo mercado de trabalho, a proibição dos déficits e da inflação, a privatização generalizada dos serviços públicos, a redução das despesas públicas e sociais.

Sem compartilhar necessariamente os interesses econômicos e sociais dos verdadeiros crentes, os economistas têm suficientes interesses específicos no campo da ciência econômica para dar uma contribuição decisiva, quaisquer que sejam seus sentimentos a propósito dos efeitos econômicos e sociais da utopia que eles revestem com a razão matemática, à produção e à reprodução da crença na utopia neoliberal. Separados do mundo econômico e social por toda a sua existência e sobretudo por sua formação intelectual, em geral puramente abstrata, livresca e teoricista, eles são, como outros em outros tempos no campo da filosofia, particularmente inclinados a confundir as coisas da lógica com a lógica das coisas. Confiantes em modelos que praticamente nunca tiveram ocasião de submeter à prova da verificação experimental, levados a olhar de cima as conquistas das outras ciências históricas, nas quais não reconhecem a pureza e a transparência cristalina de seus jogos matemáticos, sendo em geral incapazes de compreender sua verdadeira necessidade e profunda complexidade, eles participam e colaboram para uma formidável mudança econômica e social. Mesmo que algumas das conseqüências dessa mudança lhes causem horror (eles podem contribuir para o partido socialista e dar conselhos prudente a seus representantes nas instâncias de poder), decerto não lhes desagradam completamente pois, com o risco de alguns fracassos, imputáveis principalmente ao que eles chamam de "bolhas especulativas", tal mudança tende a dar realidade à utopia ultraconseqüente (como certas formas de loucura) à qual eles consagram a sua vida.

Entretanto, o mundo é o que é, com os efeitos imediatamente visíveis do funcionamento da grande utopia neoliberal: não só a miséria e o sofrimento de uma fração cada vez maior das sociedades mais avançadas economicamente, o agravamento extraordinário das diferenças entre as rendas, o desaparecimento progressivo dos universos autônomos de produção cultural, cinema, edição etc., e portanto, a longo prazo, dos próprios produtos culturais, em virtude da intrusão crescente das considerações comerciais, mas também e sobretudo pela destruição de todas as instâncias coletivas capazes de resistir aos efeitos da máquina infernal, entre as quais o Estado está em primeiro lugar, depositário de todos os valores universais associados à idéia de *público*, e a imposição, por toda a parte, nas altas esferas da economia e do Estado, ou no seio das empresas, dessa espécie de darwinismo moral que, com o culto do vencedor ("*winner*"), formado em matemáticas superiores e nos "chutes" sem rigor, instaura a luta de todos contra todos e o *cinismo* como norma de todas as práticas. E a nova ordem moral, fundada na inversão de todas as tábuas de valores, se afirma no espetáculo, prazerosamente difundido pela mídia, de todos esses importantes representantes do Estado, que rebaixam a sua dignidade estatutária ao multiplicar as reverências diante dos patrões de multinacionais, Daewoo ou Toyota, ou ao competir com sorrisos e acenos coniventes diante de um Bill Gates.

Pode-se esperar que a massa extraordinária de sofrimento produzida por um tal regime político-econômico possa um dia lastrear um movimento capaz de deter a marcha para o abismo? De fato, estamos aqui diante de um extraordinário paradoxo: enquanto os obstáculos encontrados no caminho da realização da ordem nova, a do indivíduo sozinho mas livre, são hoje considerados efeitos da rigidez do arcaísmo, enquanto toda intervenção direta e consciente, pelo menos quando de iniciativa do Estado, e por quaisquer meios que sejam, é antecipadamente desacreditada a pretexto de estar orientada por funcionários movidos por seus próprios interesses e que conhecem mal os interesses dos agentes econômicos, portanto intimada a suprimir em proveito desse mercado enquanto um mecanismo puro e anônimo (esquece-se que ele é também o lugar do exercício de interesses), é na realidade a permanência ou a sobrevivência das instituições e dos agentes da ordem antiga em vias de desmantelamento, e o trabalho inteiro de todas as categorias de trabalhadores sociais, bem como todas as solidariedades sociais, familiares ou outras, que fazem com que a ordem social não desmorone no caos apesar do contingente crescente de população precarizada. A transição para o "liberalismo" se faz de maneira insensível, logo imperceptível, como a deriva dos continentes, ocultando assim seus efeitos, mais terríveis a longo prazo. Tais efeitos também se encontram dissimulados, paradoxalmente, pelas resistências que suscita desde agora por parte daqueles que defendem a ordem antiga, nutrindo-se dos recursos nelas contidos, dos modelos jurídicos ou práticos de assistência e de solidariedade nela vigentes, dos hábitos aí estimulados (entre as enfermeiras, os serviços sociais etc.), em suma das reservas de capital social que protegem toda uma parte da presente ordem social de uma queda na anomia. (Capital que, se não é renovado, reproduzido, está destinado à extinção, mas cujo esgotamento não ocorrerá de um dia para o outro.)

Mas essas mesmas forças de "conservação", freqüentemente tratadas como forças conservadoras, são também, sob outro aspecto, forças de *resistência* à instauração da ordem nova, podendo se tornar forças subversivas nas seguintes condições: sob a condição prévia de que se saiba conduzir a luta propriamente simbólica contra o trabalho incessante dos "pensadores" neoliberais, para desacreditar e desqualificar a herança de palavras, tradições e representações associadas às conquistas históricas dos movimentos sociais do passado e do presente; sob a condição também de que se saiba defender as instituições correspondentes, direito do trabalho, assistência social, previdência social etc. contra o projeto de condená-las ao arcaísmo de um passado ultrapassado ou, pior ainda, de constituí-los, desafiando toda verossimilhança, em privilégios inúteis ou inaceitáveis. Esse combate não é fácil, sendo muitas vezes necessário travá-lo em frentes inesperadas. Inspirando-se numa intenção paradoxal de *subversão orientada para a conservação ou a restauração*, os revolucionários conservadores são espertos em transformar em resistências reacionárias as reações de defesa suscitadas por ações conservadoras que descrevem como revolucionárias; e ao mesmo tempo condenam como defesa arcaica e retrógrada de "privilégios" reivindicações ou revoltas que se enraízam na invocação dos direitos adquiridos, isto é, num passado ameaçado de degradação ou de destruição por suas medidas regressivas — entre as quais as mais exemplares são a demissão dos sindicalistas ou, mais radicalmente, dos trabalhadores veteranos que são também os conservadores das tradições do grupo.

E se podemos ter alguma esperança razoável, é porque ainda existem, nas instituições estatais e também nas disposições dos agentes (em especial os mais ligados a essas instituições, como a elite do médio funcionalismo público), forças que, sob a aparência de defender simplesmente, como logo serão acusadas, uma ordem desaparecida, e os "privilégios" correspondentes, devem de fato, para resistir à prova, trabalhar para inventar e construir uma ordem social que não teria como única lei a busca do interesse egoísta e a paixão individual do lucro, e que daria lugar a coletivos orientados para a *busca racional de fins coletivamente elaborados e aprovados.* Entre esses coletivos, associações, sindicatos, partidos, como não dar um lugar especial ao Estado, Estado nacional, ou, melhor ainda, supranacional, isto é, europeu (etapa para um Estado mundial), capaz de controlar e impor eficazmente os lucros realizados nos mercados financeiros; capaz também e principalmente de enfrentar a ação destruidora que estes exercem sobre o mercado de trabalho, organizando, com a ajuda dos sindicatos, a elaboração e a defesa do *interesse público* que, queira-se ou não, nunca sairá, mesmo ao preço de algum erro em escrita matemática, da visão de contador (em outros tempos, dir-se-ia de "quitandeiro") que a nova crença apresenta como a forma suprema da realização humana.

Paris, janeiro de 1998

NOTAS

1. E. Goffman, *Asiles. Études sur la condition sociale des malades mentaux*, Paris, Minuit, 1968.

2. Podem ser consultados, sobre tudo isso, os dois números de *Actes de la Recherche en Sciences Sociales* dedicados às "Novas formas de dominação

no trabalho" (1 e 2), 114, setembro de 1996, e 115, dezembro de 1996 e especialmente a introdução de Gabrielle Balazs e Michel Pialoux, "Crise du travail e crise du politique", 114, p.3-4.

3. C. Dejours, *Souffrance en France. La banalisation de l'injustice sociale*, Paris, Seuil, 1997.

Referências citadas

ACCARDO, Alain, com G. ABOU, G. BALASTRE, D. MARINE, *Journalistes au quotidien. Outils pour une socioanalyse des pratiques journalistiques,* Bordeaux, Le Mascaret, 1995.

ACTES DE LA RECHERCHE EN SCIENCES SOCIALES, "L'économie de la maison", 81-82, março de 1990.
____ "La souffrance", 90, dezembro de 1991.
____ "Esprits d'État", 96-97, março de 1993.
____ "Les nouvelles formes de domination dans le travail", 114 e 115, setembro e dezembro de 1996.
____ "Histoire de l'État", 116-117, março de 1997.
____ "Les ruses de la raison impérialiste", 121-122, março de 1998.

BLOCH, Ernst, *L'Esprit de l'utopie,* Paris, Gallimard, 1977.

BOSCHETTI, Anna, *Sartre et* Les Temps Modernes: *une entreprise intellectuelle,* Paris, Minuit, 1985.

BOURDIEU, Pierre, *Travail et travailleurs en Algérie,* Paris-Haia, Mouton, 1963 (com A. Darbel, J.P. Rivet, C. Seibel).
____ *Algérie 60, structures économiques et structures temporelles,* Paris, Minuit, 1977.
____ *La noblesse d'État,* Paris, Minuit, 1989.
____ "Le racisme de l'intelligence", in *Questions de sociologie,* Paris, Minuit, 1980.
____ "Deux impérialismes de l'universel", in C. Fauré e T. Bishop (orgs.), *L'Amérique des Français,* Paris, François Bourin, 1992, p. 149-55.

CHAMPAGNE, Patrick, *Faire l'opinion,* Paris, Minuit, 1990.

____ "Le journalisme entre précarité et concurrence", *Liber*, 29, dezembro de 1996.

CHARLE, Christophe, *Naissance des intellectuels*, Paris, Minuit, 1990.

DIXON, Keith, "Les évangélistes du Marché", *Liber*, 32, setembro de 1997, p.5-6.

DEJOURS, Christophe, *Souffrance en France. La banalisation de l'injustice sociale*, Paris, Seuil, 1997.

DEZALAY, Yves, com D. SUGARMAN, *Professional Competition Power. Lawyers, Accountants and the Social Construction of Markets*, Londres-Nova York, Routledge, 1995, p.XI-XIII.

____ com B.G. GARTH, *Dealing in Virtue*, Chicago-Londres, The University of Chicago Press, 1995, p.VII-VIII.

FALLLOWS, James, *Breaking the News. How Media Undermine American Democracy*, Nova York, Vintage Books, 1997.

GOFFMAN, Erving, *Asiles, études sur la condition sociale des malades mentaux*, Paris, Minuit, 1968.

GRÉMION, Pierre, *Preuves, une revue européenne à Paris*, Paris, Julliard, 1989.

____ *Intelligence de l'anti-communisme, le congrès pour la liberté de la culture à Paris*, Paris, Fayard, 1995.

HALIMI, Serge, *Les nouveaux chiens de garde*, Paris, Liber-Raisons d'agir, 1997.

LIBER, "Mouvements divers. Le choix de la subversion", 33, dezembro de 1997.

SALESSE, Yves, *Propositions pour une autre Europe. Construire Babel*, Félin, 1997.

THÉRET, Bruno, *L'État, la finance et le social*, Paris, La Découverte, 1995.

VIDAL-NAQUET, Pierre, *Les Juifs, la mémoire et le présent*, Paris, La Découverte, tomo I, 1981, tomo II, 1991.

WACQUANT, Loïc, "De l'État charitable à l'État pénal: notes sur le traitement politique de la misère en Amérique", *Regards Sociologiques*, 11, 1996.

Este livro foi composto pela TopTextos, em Agaramond, e impresso por Hamburg Gráfica Editora, em dezembro de 1998.